Vegan kochen mit
Soja

ANNE BÜHRING
KURT MICHAEL WESTERMANN

Vegan kochen mit
Soja

edition styria

Inhalt

Gesundheitsaspekte

Die vegane Küche ist absolut im Trend. Die Gründe sich ihr zuzuwenden sind vielfältig und reichen vom individuellen gesundheitlichen Problem bis hin zu weltanschaulichen Gründen. Wer vegan lebt, also völlig auf den Verzehr von Tierprodukten verzichtet, kann gesund, vital und leistungsfähig sein. Doch ist es hier wie bei jeder anderen Ernährungsweise auch: Wichtig ist sowohl die Gesamtbilanz als auch der gezielte Blick auf Feinheiten.

Mir war es wichtig, ein weites Repertoire an schmackhaften Gerichten zusammenzustellen, so finden Sie Snacks und Salate genauso wie Sattmacher und Ofengerichte. Natürlich darf das Süße nicht fehlen und deshalb gibt's auch feine Kuchen und Desserts. Das Spektrum reicht von ausgefallen bis einfach, denn es soll sowohl für die „Alten Hasen" als auch für die Neuanfänger Genüssliches präsentiert werden. In jedem Rezept ist Soja als pflanzlicher Eiweißlieferant wichtiger Bestandteil. Ob als Yogurt, texturiert, als Knusperflocken, Sojasoße oder pur als Hülsenfrucht gibt die Sojabohne jedem Gericht ein zusätzliches geschmackliches und gesundheitliches Extra.

Im ersten Teil von *Vegan kochen mit Soja* lesen Sie Wissenswertes zu gesundheitlichen Argumenten, Vitalstoffen und Vitaminen und natürlich zur Sojabohne und den Produkten aus ihr, wie wir sie heute in der Küche nutzen können. Einige Vitamine und Lebensmittel sind gerade für den Veganer wichtig, um den täglichen Vitalstoffbedarf zu decken. Die Übersichten sollen Ihnen helfen, den Überblick zu behalten. Im zweiten Teil finden Sie zusätzlich zu den über 200 Rezepten noch viele wertvolle Tipps. Ich wünsche mir, dass es Ihnen mit *Vegan kochen mit Soja* Spaß macht, die Rezepte nachzukochen und die Ergebnisse Ihnen schmecken. Ganz gleich, ob Sie überzeugte/r Veganer/in sind oder Sie sich aus gesundheitlichen Gründen ohne Fleisch ernähren wollen, ob Sie Neueinsteiger sind und sich der veganen Küche erstmals zuwenden oder ob Sie auf der Suche sind nach einer Alternative zur Kuhmilch – die Rezepte werden Sie begleiten auf dem Weg in ein gesünderes Leben.

Vegan essen aus gutem Grund

Die Gründe zu der Entscheidung für den veganen Lebensstil sind vielfältig. Umwelt, Tierethik, Massentierhaltungsprobleme, Treibhauseffekt und Welternährung können genauso ausschlaggebend sein wie eigene gesundheitliche Probleme. Wer sich für die vegane Kost entscheidet, weil Rheuma oder Gicht ihm Schmerzen verursachen, der kann trotzdem noch auf Ledersohlen laufen oder in Federbetten schlafen. Und wer gegen die Massentierhaltung Stellung bezieht, muss nicht grundsätzlich auf alle Tierprodukte verzichten, sondern kann sich durchaus für einen vollwertigen Ernährungsstil auf der Basis von Bioprodukten entscheiden. Mit diesem Buch möchte ich die Vorteile der veganen Kost und zugleich die Vitalstoffbereiche aufzeigen, die besonders Veganer beobachten sollten. Vegan kochen bedeutet für manche Bereiche eine deutliche Umstellung. Deshalb finden Sie viele Tipps zu Haushaltspraxis und Warenkundeinfos.

Der Gesundheitsaspekt

Die Basis der veganen Küche sind wie gesagt Gemüse, Getreide und Getreideprodukte, Kartoffeln, Hülsenfrüchte und Obst sowie Sojaprodukte wie beispielsweise Tofu und auch Nüsse und Saaten. Veganer verhalten sich meist gesundheitsbewusst, indem sie auf den Genuss von Alkohol und Zigaretten verzichten und sie sind sportlich aktive Menschen. Daraus ergeben sich enorme Vorteile. Der Verzicht auf Fleisch und Wurst verringert die Aufnahme von tierischen Fetten, Cholesterin und Purinen, was direkt das Risiko einiger ernährungsabhängiger Krankheiten reduzieren kann. Das Weglassen von Fleisch muss ernährungsphysiologisch zu keiner Fehlernährung führen. Allerdings stellt der völlige Verzicht auf Tiereiweiß durchaus einen hohen Anspruch an die Zusammenstellung der täglichen Nahrung. Besonders in Hinsicht auf die Versorgung mit Eiweiß, den Vitaminen D, B2, B6 und B12 sowie den Mineralstoffen Calcium, Eisen und Jod und Zink ist Vorsicht geboten und deshalb beleuchten wir diese einzelnen Vitalstoffe im Besonderen.

Gleichzeitig werden vom Veganer vermehrt Gemüse, Obst, Vollkorn und Hülsenfrüchte konsumiert. Das führt zu einer besseren Versorgung mit Ballaststoffen und sekundären Pflanzenstoffen.

Der Gesundheit zuliebe

Die Gründe, sich der veganen Küche zuzuwenden, sind vielfältig. Ich möchte in *Vegan kochen mit Soja* den Schwerpunkt auf die gesundheitlichen Aspekte setzen und lege die weltanschaulichen Gesichtspunkte beiseite. Gesundheits- und Verbrauchsstatistiken zeigen deutlich, dass seit Beginn der Industrialisierung im vorletzten Jahrhundert der Verzehr von frischen, rohen Zutaten, Gemüse und Obst sowie Vollkornprodukten abgenommen hat. Es wird vermehrt zu Verarbeitetem und Halbfertigprodukten gegriffen, der Fleischkonsum hat zugenommen und Genussmittel wie Kaffee und Alkohol stehen heute meist täglich auf dem Tisch. Würzmischungen, Fertigsoßen und Tiefkühlmenüs erleichtern das Dasein.

Parallel dazu stieg die Zahl der ernährungsmitbedingten und ernährungsabhängigen Krankheiten an. Rheuma, Gicht, Arthrose, Nahrungsmittelunverträglichkeiten und Allergien, Reizdarm, Übergewicht, Diabetes, Herzinfarkt und Burn-out sind heute weit verbreitet. Die Ursachenfindung stellt an die Therapeuten hohe Anforderungen und die Betroffenen stehen oftmals kurz vor der Verzweiflung. Nicht selten finden sich keine Lösungen und so wird mit Medikamenten wenigstens der Schmerz bekämpft. Doch die Ansicht, dass eine optimale Vital- und Nährstoffversorgung die Regeneration fördern kann, setzt sich mehr und mehr durch. Und gerade die vegane Ernährung durch ihren hohen Anteil an pflanzlichen Naturprodukten sorgt für optimalen Zellaufbau. Insgesamt sind die veganen Lebensmittel besonders basisch, fördern so den Ausgleich des Säure-Basenhaushaltes im Körper und schaffen die Voraussetzungen, damit Entgiftung und Ausleitung überhaupt funktionieren können.

Übersäuerung – Krank ohne Grund?

Ein gestörtes Säure-Basen-Gleichgewicht macht sich in den meisten Fällen im Darm bemerkbar. Die Darmflora, also die natürliche Bakterienbesiedlung auf der Darmschleimhaut, wird angegriffen und es kann in Folge sogar zu Entzündungen kommen. Auch ein Pilzbefall ist möglich. Betroffene leiden dann möglicherweise unter Candida albicans, dessen Nahrung sind Kohlenhydrate und sein Hunger auf Brot und Süßes ist schier unermesslich. Da 70 % unserer Körperzellen für das Immunsystem im Darm gebildet werden, kann ein übersäuerter Darm zum Risiko werden. Dann benötigt er zum Neutralisieren wertvolle Mineralstoffe, die in Folge nicht ins Blut und in die Körperzellen gelangen. Hinzu kommt, dass der übersäuerte Darm sich seiner Säure möglichst schnell durch Durchfall beispielsweise entledigt. Auch dabei gehen wertvolle Vitalstoffe verloren und die Körperwasserbilanz wird möglicherweise negativ.

Zu viel tierisches Eiweiß und denaturierte Nahrungsmittel wie Zucker, Alkohol und Fertiggerichte können eine Störung im Säure-Basen-Gleichgewicht verursachen. Die Folgen sind vielfältig und reichen vom Verspannungskopfschmerz bis zu rheumatischen Erkrankungen.

Die vegane Kost kann entgegenwirken, denn sie liefert reichlich ausgleichende Mineralstoffe aus Obst, Gemüse und Kartoffeln. Säure wird bekämpft und Basen werden gebildet: Auch sauer Eingelegtes (Mixed pickles), milchsauer vergorene Säfte und Brottrunk auf Getreidebasis milchsauer vergoren wirken sehr positiv.

Spaziergänge an der frischen Luft, Jogging oder (Nordic-)Walking sind beste Basenförderer. Frisch gepresste Frucht- und Gemüsesäfte wirken rein basisch und eignen sich besonders gut zum Ausgleich.

Das führt zu Übersäuerung:

- Stress
- Kaffee, Matetee, Schwarztee
- Cola, Limonade, alkoholische Getränke
- Süßigkeiten, Konservenobst und Konservengemüse
- Fleisch, Fast Food, Fertigprodukte

Krankheiten, deren Ursache ein gestörter Säure-Basen-Haushalt sein kann, sind u. a.:

- Entzündliche Erkrankungen
- Herz-Kreislauf-Erkrankungen
- Hauterkrankungen wie Ekzeme, Psoriasis oder Neurodermitis
- Arthrose, Gicht und Osteoporose
- Magen-Darm-Erkrankungen
- Bandscheibenvorfall und Bändersehnenriss
- Rheumatische Erkrankungen
- Kopfschmerz und Migräne
- Akne oder Cellulite

Machen Sie den Test!

Das können Symptome für eine Übersäuerung sein:

☐ **Leiden Sie manchmal unter Sodbrennen oder Aufstoßen?**

☐ **Hatten Sie schon einmal ein Magengeschwür?**

☐ **Haben Sie Verdauungsprobleme wie Blähungen oder Durchfall?**

☐ **Neigen Sie zu Krämpfen oder Muskelverspannungen?**

☐ **Ist Ihre Gesichtsfarbe eher blass?**

☐ **Bekommen Sie schnell einen Sonnenbrand?**

☐ **Haben Sie Probleme mit der Haut (Akne, Psoriasis, Neurodermitis)?**

☐ **Sind Sie häufig gereizt und gehen bei Kleinigkeiten schnell in die Luft?**

☐ **Haben Sie häufig Kopfschmerzen?**

☐ **Bemerken Sie Haarausfall?**

☐ **Fühlen Sie sich oft müde und unkonzentriert?**

☐ **Haben Sie Einschlaf- oder Durchschlafstörungen?**

☐ **Kennen Sie depressive Verstimmungen?**

☐ **Leiden Sie häufiger unter schmerzenden Gelenken?**

☐ **Schmerzt Ihnen manchmal der Rücken?**

Konnten Sie eine oder mehrere Fragen ankreuzen? Dann sind Sie zumindest zeitweise übersäuert. Dann könnten Sie versuchen, mit der veganen Ernährung Ihren Säure-Basen-Haushalt ins Gleichgewicht zu bringen, denn ein ganz wichtiger Aspekt der veganen Kost ist die Bereitstellung von Basen und damit der Ausgleich des Säure-Basen-Haushaltes.

Oft bewerten wir diesen mangels Wissen gar nicht so hoch. Mein erster Rat ist, sollten Sie für sich einen gestörten Säure-Basen-Haushalt festgestellt haben: Führen Sie eine 8-Wochen-vegane Kost frei von Tierprodukten und Alkoholischem durch.

Darmbeschwerden

Der Darm ist das Zentrum der Gesundheit. Das wusste schon Hippokrates, als er sagte: „Der Tod liegt im Darm." Im gesunden Organ herrscht ein stabiles Gleichgewicht zwischen den körpereigenen Abwehrkräften und der Darmflora, das Infektionen und entzündlichen Erkrankungen vorbeugt. Die von einer gesunden Darmflora besiedelte Schleimhaut stellt eine natürliche Barriere gegen die Invasion krankmachender Keime von außen dar – ein dynamisches und komplexes Ökosystem, das sich nach der Geburt etabliert und mit dem dritten Lebensjahr abgeschlossen sein sollte. Doch kein anderes Organ reagiert so schnell auf Belastungen wie unser Darm und kein anderes Organ lässt sich so schnell aus dem Gleichgewicht bringen. Das liegt auch daran, dass hier tief verborgen und versteckt unser Gefühlszentrum sitzt. Daher wirken sich Stresssituationen wie Leistungsdruck und Mobbing, Ängste und Trauer negativ auf die Darmsituation aus. Auch die Intuition sitzt im Bauch. Sehr viele Nervenwege führen vom Darm zum Gehirn. Weit weniger führen zurück. Doch leider bemerken wir dieses so wichtige Zentrum unserer Gesundheit kaum. Und nur so ist zu erklären, warum wir so viel Ungutes in unseren Körper lassen, mit dem sich unser Darm auseinandersetzen muss. Auch der heute übliche geringe Verzehr an Obst und Gemüse führt zu einem gestörten Säure-Basen-Gleichgewicht, das macht sich in den meisten Fällen im Darm bemerkbar. Die Darmflora wird angegriffen und es kann zu entzündlichen Veränderungen kommen. Auch Nahrungsmittelunverträglichkeiten und Reizdarm oder „nur" Verdauungsbeschwerden wie Durchfall, Blähungen oder Verstopfung können die Folge sein. Ist die Schleimhaut nachhaltig negativ beeinflusst und die natürliche Bakterienbesiedlung gestört, so kann sich Lactose-, Fructose-, Sorbit- oder Histaminproblematik entwickeln. Ursache war zunächst ein gestörter Säure-Basen-Haushalt und die Säure im Darm. Eine Nahrungsmittelkarenz ist mit Sicherheit erstmal notwendig, stellt aber keine Lösung des Problems dar. Basen müssen her!

Gut für die Balance

Die Balance im Verdauungstrakt auf natürliche Weise unterstützt Brottrunk, ein milchsauer vergorenes Getränk aus Brot. Sein hoher Mineralstoffgehalt und natürliche Brotgetreidesäurebakterien machen ihn so gesundheitsförderlich. Außerdem wirkt er basisch und kann also den übersäuerten und gestressten Stoffwechsel entlasten. Brottrunk fördert das gesunde Darmmilieu und kann pathogene Keime und Darmpilze verdrängen. Er wirkt sanierend und hilft bei Verdauungs- und Resorptionsstörungen. Die Patientenberichte von positiven Effekten auf die Gesundheit sind sehr vielfältig und ich empfehle, den Brottrunk präventiv täglich zu trinken. Allerdings nicht unverdünnt, denn dann schmeckt er sehr sauer. Ich empfehle den Brottrunk mit Leitungswasser oder Sprudel im Verhältnis 1:6 zu mischen. So ist er besonders erfrischend. Als Mindestmenge sollte eine Flasche Brottrunk pro Woche konsumiert werden, auch bis zu zwei Flaschen am Tag sind durchaus verträglich. In den Rezepten finden Sie den Brottrunk als Zutat, denn er verbessert den Vitalstoffgehalt des Gerichts. Eine Besonderheit sind die im Brottrunk enthaltenen Brotgetreidesäurebakterien. Sie sind absolut wichtig und kommen im Dünndarm des Menschen natürlicherweise vor, es sei denn, er nimmt Medikamente, Anitibiotika oder hat dauernd viel Stress. Da die im Brottrunk befindlichen Bakterienstämme koloniebildend sind, können sie den Darm neu besiedeln und so nachhaltig eine gesunde Darmflora schaffen. Seitdem der Bäckermeister Kanne vor über 30 Jahren den Brottrunk entwickelte, ist eine Vielzahl von Studien zur Wirksamkeit erschienen. Diese Studien, Patientenberichte, Infos zu gesunden Inhaltsstoffen und Interessantes über den positiven Einfluss auf Darm, Immunsystem und Stoffwechsel sind vielfach veröffentlicht und nachzulesen.

Stoffwechselkrankheiten wie Gicht

Die klassische „Säurekrankheit" ist die Gicht, die auf einem erhöhten Harnsäurespiegel beruht. Sie zeigt sich zumeist in den entlegensten Extremitäten (in den Fingern oder Zehen). Ein Gichtanfall ist eine äußerst schmerzhafte Angelegenheit.

Bei einem akuten Gichtanfall entstehen meist nachts Schwellungen und Rötungen. Die Schmerzen können so heftig sein, dass sich sogar die Bettdecke noch zu schwer anfühlt. In 50 % aller Gichtanfälle kristallisiert die Harnsäure zum ersten Mal im Großzehengelenk. Bei Frauen zeigt sich ein Gichtanfall bevorzugt in den Fingergelenken. Übermäßiger Fleischgenuss zum Beispiel vom Schwein als Nackensteak und dazu Bier beim sommerlichen Grillfest können, bei entsprechender Disposition, direkt den ersten Gichtanfall provozieren. Eine tiereiweißfreie Ernährung ist für die von Gicht betroffenen Menschen absolut sinnvoll und die vegane Kost somit ideal. Wichtig zu wissen ist allerdings, dass auch in anderen als Tierprodukten die Purine (Ausgangsstoffe für die Harnsäure) stecken können. Auch Nüsse, Kerne und Samen, weiße Bohnen, Kichererbsen, Linsen und andere Hülsenfrüchte enthalten Purine, die beim gestörten Harnsäurestoffwechsel bzw. bei Ausscheidungsproblemen unangenehme Folgen haben können. Da auch die Sojabohne zu den Hülsenfrüchten gehört, sollte sie ebenfalls gemieden werden. Sojaprodukte wie Tofu, Sojasoße und Miso hingegen sind purinarm und können durchaus genossen werden. Wer also wegen der Gicht aus gesundheitlichen Gründen zur veganen Kostform wechselt, sollte auf Hülsenfrüchte, Nüsse und Saaten verzichten, jedenfalls zu Beginn der Nahrungsumstellung.

Eine über drei Tage durchgeführte Basenkur kann als Umstellungs- und Einstiegskur schnelle Erfolge erzielen. In diesen Tagen ernähren Sie sich ausschließlich von Basensuppe und milchsauer vergorenen Gemüsesäften. Zusätzlich trinken Sie 2–4 Liter stilles Wasser. Der Genuss von ein oder zwei Tassen Löwenzahntee regt zusätzlich den Leberstoffwechsel an und normalisiert den Cholesterinhaushalt. Ist der Säure-Basen-Haushalt ausgeglichen, fühlen Sie sich wieder kraftvoll und aktiv. Und über das gesunde Darmmilieu können auch wieder alle Vitalstoffe ins Blut transportiert werden.

REZEPT FÜR BASENSUPPE

(Zutaten für 3 Tage)
500 g Kartoffeln
500 g Möhren
1 kleine Knolle Sellerie
350 g Wirsingkohl
1 Gemüsezwiebel
3–5 TL Gemüsebrühe
Pfeffer
1 Bund Schnittlauch

So geht's:

Die Kartoffeln, die Möhren und den Sellerie schälen und in Würfel schneiden. Den Wirsing grob klein schneiden und die Zwiebel fein würfeln. Das gesamte Gemüse in 2 l Wasser aufkochen und mit Brühe abschmecken. Gemüse nur knapp gar kochen, zum Schluss pfeffern und mit Schnittlauchröllchen bestreuen.

Essen Sie von dieser Suppe, wann immer Sie Appetit oder Hunger haben.

Unser Nährstoffbedarf

Eiweiß, Fett und Kohlenhydrate aus unserer Nahrung sichern unseren Nährstoffbedarf und machen satt. Sie sind Baustoff oder Brennstoffe für Stoffwechsel, Wachstum und Zellerneuerung. Absolut lebensnotwendig ist dabei die Unterstützung durch Vitalstoffe. Eine riesige Anzahl an Vitaminen, Mineralstoffen, Enzymen und Hormonen unterstützt die Umsetzung der Nahrung und den Aufbau von Körperzellen – unmerklich 24 Stunden jeden Tag! In jeder Sekunde entstehen bis zu 50 Millionen neue Körperzellen und insgesamt hat jeder Mensch rund 150 Billionen von ihnen. Damit nun alles immer wie geschmiert und rund läuft, muss die Nahrung die wichtigen Stoffe täglich in ausreichender Menge zur Verfügung stellen. Deshalb schauen wir uns einige davon genauer an, insbesondere aus dem Gesichtpunkt des veganen Lebensstils.

Eiweiß – der Baustoff

Wie wichtig dieser Nährstoff gerade bei veganer Ernährung ist, wird immer betont. Deshalb schauen wir ihn uns besonders genau an. Eiweißstoffe bezeichnet man auch als Proteine. Das Wort Protein ist abgeleitet von dem griechischen Wort Proteo. Proteo heißt so viel wie „die erste Stelle einnehmen". Und so ist es auch richtig, denn Proteine sollten die erste Stelle in unserer Ernährung einnehmen. Unterschieden wird in tierisches und in pflanzliches Eiweiß. Und das Pflanzliche kann ebenso gut den Eiweißbedarf decken, allerdings sollte dafür Soja als besonders eiweißreiche Hülsenfrucht möglichst täglich auf dem Speiseplan stehen. Auch Vollkorn, Vollkornbrot, getrocknete Linsen und Bohnen, Lupine, Nüsse, Samen und Kerne enthalten wertvolles Eiweiß. Proteine sind am Aufbau der Zellen und an der Erhaltung unseres Körpers beteiligt. Ohne Proteinzufuhr wären wir nicht lebensfähig. Etwa 0,8 g Eiweiß pro Kilogramm Körpergewicht sollten wir täglich konsumieren, also beispielhaft bei einem Körpergewicht von 60 kg sind das 48 g Eiweiß am Tag. Diese

Menge steckt in 133 g Sojabohnen, 204 g Augenbohnen, 343 g Pinienkernen, 348 g Haferflocken, 533 g Vollkorn-Sonnenblumenkernbrot oder 590 g Tofu. Im Vergleich dazu versorgt sich ein Nichtveganer mit dieser Eiweißmenge relativ einfach bereits bei dem Verzehr von 240 g gedünstetem Lachskotelett, vier Eiern, 225 g Rindersteak oder 150 g Lachsschinken. Das heißt für den Veganer, das Protein wirklich an die erste Stelle auf seinem Speiseplan zu stellen, um den Bedarf sicher zu decken.

Aber keine Angst! Dass dies doch gar nicht so schwer ist, zeigt der Tagesplan als Übersicht, denn es gibt ja bei 3–5 Mahlzeiten am Tag die Möglichkeit, Eiweiß zu verzehren. Dazu habe ich beispielhaft Rezepte aus diesem Buch als Grundlage verwendet.

Eiweißverzehr für 1 Person:

▪ Frühstück	
Sojaflocken-Birnen-Müsli	ca. 17 g
▪ Zwischenmahlzeit	
1 Becher Soja-Frucht-Yogurt	ca. 4,3 g
▪ Mittags	
Grünkern-Soja-Frikadellen und Gurkengemüse	ca. 18 g
▪ mit Nachspeise	
Sojapudding mit Pflaumensoße	ca. 10 g
▪ Zwischenmahlzeit	
1 Apfel und 10 Mandeln	ca. 1,8 g
▪ Abendessen	
belegtes Brot mit Tomaten und Gurke	ca. 0 g
GESAMTTAGESBILANZ	ca. 51,1 g

Eiweiß-Tagessoll erfüllt!

Ganzheitliche Funktionen

Unser Körper braucht die Proteine u. a. für die Produktion:
- aller Körperzellen
- der Enzyme, die den Stoffwechsel ermöglichen
- der Schleimstoffe im Körper
- die Stützfunktion im Bindegewebe
- von Knochen, Knorpel, Sehnen, Nägeln und Haaren.

Außerdem üben die Proteine im Blut eine Transportfunktion aus für Fette, fettlösliche Vitamine und Mineralstoffe. Als Immunstoffe (Antikörper, Immunglobuline) spielen sie eine bedeutende Rolle für das Abwehrsystem des Körpers. Nehmen Sie die Versorgung ihres Körpers mit Proteinen also nicht auf die leichte Schulter! Wer, aus welchem Grund auch immer, es nicht schafft, mit der täglichen Mahlzeitengestaltung ausreichend von diesem Baustoff für alle Zellen zu erhalten, der sollte über eine Extra-Versorgung mit Proteinpulver nachdenken. Das ist auch für diejenigen ein kleiner Ausweg, die sich durch zu reichlichen Sojaverzehr eine Abneigung gegen dieses Nahrungsmittel zugezogen haben. Sie müssen jetzt nicht jeden Tag zum Taschenrechner greifen, aber überschlagen Sie einmal grob, wie es mit Ihrer Eiweißversorgung steht.

In der nachfolgenden Liste finden Sie einige für Veganer übliche Nahrungsmittel mit ihrem Proteingehalt:

Die kleinsten Eiweißbausteine

Spaltet man die Eiweißstoffe in ihre Moleküle auf, so erhält man Aminosäuren. Sie stellen die einzelnen Grundbausteine der Proteine dar. Insgesamt gibt es 20 Aminosäuren, davon sind 8 essenziell. Das bedeutet, dass der Körper sie nicht selbst herstellen kann, sondern auf die Zufuhr mit der Nahrung angewiesen ist.

Es wurde lange bestritten, dass eine ausreichende Eiweißversorgung auch ohne den Konsum von Fleisch und Milch oder Milchprodukten möglich ist. Viele Studien belegen inzwischen das Gegenteil und zeigen auf, dass eine Ernährung mit guter Eiweißversorgung auf pflanzlicher Basis sogar sehr gesund ist. Die Nahrungsmittel haben einen unterschiedlichen Gehalt an diesen Eiweißbausteinen. Dadurch ergibt sich eine individuelle Zusammensetzung und unterschiedliche biologische Wertigkeit. In der Rangliste steht das Ei an höchster Stelle, denn es ist dem menschlichen Protein am nächsten

Lebensmittel	Eiweißgehalt in g/100 g
Bohnen, weiß	21,3
Kichererbsen	19,8
Kidneybohnen	22,1
Linsen	23,5
Brokkoli	3,3
Erbsen, frisch	6,6
Grünkohl	4,3
Mangold	2,1
Rosenkohl	4,5
Spinat	2,5
Wirsing	3,0
Zuckerschoten	3,4
Grünkern	10,8
Hafer	11,7
Haferflocken	12,5
Hirse	9,8
Vollkornreis	7,2
Weizenvollkornmehl	11,7
Weizenkleie	14,9

Lebensmittel	Eiweißgehalt in g/100 g
Champignon	2,7
Steinpilz	2,8
Steinpilz, getrocknet	19,7
Cashewnuss	17,5
Haselnuss	12,0
Leinsamen	24,4
Mandel	18,7
Pistazien	17,6
Sesam	18,2
Walnuss	14,4
Sojayogurt	3,9
Sojadrink	3,9
Sojamischung nach Hackfleischart	30,0
Sojaschnetzel (texturiert)	69,0
Sojasprossen	5,9
Sojaflocken	40,0
Gelbe Sojabohnen, getrocknet	38,0
Sojacreme zum Kochen	2,0
Tofu	8,1

und der Umbau somit am einfachsten vom Körperstoffwechsel zu bewältigen. In nächster Rangfolge stehen Vollkorn, Sojabohnen, Hülsenfrüchte und Kartoffeln. Eine gezielte Kombination von Nahrungsmitteln kann eine besonders gute Eiweißversorgung sichern, indem sich die jeweils enthaltenen Aminosäuren ergänzen.

Gute Kombinationen sind
- Hülsenfrüchte und Vollkorn,
- Müsli und Nüsse,
- Pellkartoffen und Sojafrischkäse,
- Sojadrink und Haferflocken,
- Reis und Sojabohnen.

Zu einigen Aminosäuren und Vitalstoffen gibt es immer wieder Hinweise, dass der Bedarf nicht ausreichend zu decken sei und deshalb unbedingt zu Nahrungsergänzungen gegriffen werden sollte. Ob das für den Einzelnen richtig ist, muss individuell entschieden werden, pauschal lässt sich das nicht sagen. Denn: Jedes Individuum ist unterschiedlich. Zur Sicherung der Notwendigkeit von Ergänzungen respektive der Ausrichtung der Nahrungsmittelauswahl auf spezielle Lebensmittel hat sich die Meridiandiagnose als besonders sicher und wirkungsvoll erwiesen. Schon auf der energetischen Ebene kann so, noch bevor pathologische Veränderungen auftreten, der Bedarf sicher ermittelt werden. Einen kurzen Exkurs zu dieser Methode, die ich zusammen mit meiner Kollegin Beate Freihoff in der Praxis für Ernährung und Prävention in Winsen an der Luhe erfolgreich praktiziere, lesen Sie auf Seite 34 und 35.

Soja – ein guter Eiweißlieferant

Die Sojabohne hat eine hohe biologische Wertigkeit und liegt damit sehr nahe dem Ei, das als besonders wertvoll gilt. Wer vegan lebt, der sollte möglichst täglich Sojaprodukte in seinen Speiseplan einbauen. Auf 100 g enthält die Sojabohne 38 g wertvolles Eiweiß mit einem besonders günstigen Aminosäureprofil. Zusätzlich liefert sie

wertvolle Vitalstoffe und keinerlei gesättigte Fette. Aus der Sojabohne wird eine Vielzahl von Produkten hergestellt, sodass die Verwendung von Soja in der Küche durchaus einfach und abwechslungsreich ist. Bekannt ist die Sojabohne schon seit über 5000 Jahren im asiatischen Raum und dort war sie schon immer ein wichtiges Hauptnahrungsmittel. Erst aus dem siebzehnten Jahrhundert gibt es die ersten Belege dafür, dass die Sojabohne in Holland gezogen wurde. Über den Weg aus Amerika hat sie sich auch bei uns inzwischen eingebürgert und ihre Beliebtheit nimmt ständig zu.

Soja hat vielfältige positive Gesundheitswirkungen und dient
- bei Veganern als pflanzlicher Eiweißlieferant,
- bei Lactoseintoleranz als Ersatz für Milch und Milchprodukte,
- bei Kuhmilcheiweißallergie als Milchersatz,
- bei erhöhtem Cholesterinspiegel senkend, denn Soja ist cholesterinfrei.

Vorsichtig mit Soja sollten Menschen sein, die unter einer Birkenpollenallergie leiden, denn sie könnten auch auf Soja reagieren. Der Grund dafür ist, dass bestimmte Eiweißbausteine in Sojalebensmitteln denen ähneln, die die Birkenpollenallergie auslösen. Die Sojabohne gehört wie Linsen und Bohnen zur Familie der Hülsenfrüchte und wird inzwischen auf etwa 6 % der weltweiten landwirtschaftlichen Fläche angebaut. Weltweit ist sie die wichtigste Ölsaat – mit Steigerungspotenzial! Wurden 1960 noch 17 Mio. Tonnen Soja produziert, so waren es im Jahr 2010 bereits rund 261 Mio. Tonnen. Die Anbauflächen steigen stetig und leider gehen dadurch auch Flächen des Regenwaldes durch Rodung verloren. Der überwiegende Teil von Soja wird zur Ölherstellung verwendet, denn die Sojabohne hat einen hohen Ölgehalt (ca. 18 %). Der Anteil von Soja am weltweiten Pflanzenölverbrauch beläuft sich auf ca. 26 %. Margarine, Majo-

näse und Kosmetika enthalten Sojaöl. Außerdem steckt es in Biodiesel und Farben. Der bei der Ölherstellung verbleibende Rest, der Sojapresskuchen, wird wegen seines hohen Eiweißgehaltes zu 98 % in der Tierproduktion verfüttert. Jährlich werden rund 21 Mio. Tonnen Sojaschrot für Tierfutter in die EU importiert. Im Jahr 2011 wurde in Deutschland etwa 4 Mio. Tonnen Gen-Soja an konventionell gehaltene Nutztiere verfüttert. Wer also Fleisch, Geflügel oder Eier konsumiert, hat indirekt Soja gegessen.

Gensoja – gut oder schlecht?

Der größte Anteil von Soja wird in riesigen Monokulturen angebaut, das heißt, es gibt keine Fruchtfolge mehr auf den Feldern. Um den daraus entstehenden Krankheiten und dem Unkrautdruck entgegenzuwirken, ist der Einsatz von chemischen Bekämpfungsmitteln üblich. Das Unkrautvernichtungsmittel Roundup ist so ein Herbizid (Unkrautvernichtungsmittel). Es enthält den sehr bedenklichen Wirkstoff Glyphosat. Hersteller ist der US-Konzern Monsanto und genau dieser ist auch der Hersteller und Vertreiber des genmanipulierten Saatgutes Roundup Ready-Soya. Schon in den 1990er-Jahren wurden gentechnisch veränderte Pflanzen mit Resistenz gegen den Wirkstoff Glyphosat erstmals zugelassen. Das Gift kann jetzt direkt nach der Aussaat, aber auch noch während der gesamten Wachstumsphase ausgebracht werden, ohne dass die Nutzpflanze Schaden erleidet, während alles andere Unkraut abstirbt, zunächst ein Vorteil. Doch die Probleme für Mensch und Umwelt werden überhaupt nicht betrachtet. Allein in Argentinien regnen pro Jahr rund 200 Mio. Liter Roundup aus Flugzeugen auf die Erde. Viele Böden sind nahezu unfruchtbar geworden und Unkräuter inzwischen sogar resistent. Neue Pflanzenkrankheiten entwickeln sich und auch für den Menschen ist das Roundup gefährlich. Vor allem bei Menschen, die mit dem Gift direkt in Verbindung kommen, können Übelkeit, Hautreizungen und

Durchfall auftreten. Bei Kontakt können Atemwegs- und Hautkrankheiten die Folge sein bis hin zu Krebs und Fehlgeburten. Schäden für Immunsystem und Nervensystem werden nicht ausgeschlossen. In Argentinien klagen die ersten Herbizidopfer gegen die Soja-Industrie. Bisher ist für Europa noch kein genmanipuliertes Saatgut zugelassen. Wünschenswert wäre, dass dies so bleibt, denn welche Folgen diese Manipulation langfristig für die Umwelt und den Menschen hat, ist noch nicht abzusehen.

Es geht auch anders!

Doch es geht auch ohne Genmanipulation und Regenwaldrodung, denn die Sojapflanze ist wegen ihrer natürlichen resistenten Eigenschaften für den biologischen Anbau gut geeignet. Auch ohne Spritzmittel und Kunstdünger kann mit guten Erträgen gerechnet werden. Sie ist zufrieden mit weniger guten Böden, kommt mit gelegentlicher Trockenheit zurecht und hat gute Abwehrkräfte gegen zahlreiche Schädlinge. Allerdings braucht Soja Wärme nach der Aussaat und wird deshalb bisher eher in südlichen Breiten erfolgreich angebaut. Biologische Ware darf grundsätzlich nicht gentechnisch verändert sein – bei Bioprodukten sind Sie also auf der sicheren Seite! Und die für den direkten menschlichen Verzehr oder die Herstellung von Sojaprodukten angebauten Sojabohnen – also ohne Umweg durch das Tier – sind entweder bio und damit gentechnikfrei und angebaut ohne Verwendung von chemischen Pflanzenschutzmitteln. Oder es wird kontrolliert angebaut ohne Gentechnik und nicht aus Regenwaldabholzung. Die Anbauflächen liegen u. a. in Österreich, Frankreich und Kanada.

Soja – gesunde Produktvielfalt

Die Sojabohne enthält reichlich wertvolles Eiweiß mit hochwertigen Aminosäuren und gesunde Fettsäuren. Komplexe Kohlenhydrate machen lange satt und versorgen langfristig mit Energie. Zusätzlich besitzt Soja wertvolle Spurenelementen und Vitamine sowie sekundäre Pflanzenstoffe. Durch unterschiedliche Herstellungsverfahren ergibt die Hülsenfrucht viele Produkte mit ganz speziellen Verwendungsmöglichkeiten.

Gelbe Sojabohne: Es handelt sich um die Hülsenfrucht in Reinform. Aus ihr werden alle anderen Sojaprodukte hergestellt. Sie können sie wie jede andere Hülsenfrucht auch zubereiten. Am besten ist es, wenn Sie sie über Nacht einweichen. Dadurch wird die Bohne von Bitterstoffen befreit und ist besser verdaulich. Bitte nie roh essen! Vor dem Genuss muss die Sojabohne gegart werden, da sie im rohen Zustand gesundheitsschädliche Stoffe enthält.

Sojaöl: Das Öl aus der Sojabohne ist vielseitig verwendbar und liefert wertvolle Fettsäuren in einer besonders wertvollen Kombination. Es besteht zu 57 % aus der zweifach ungesättigten Linolsäure, zu 8 % aus der Linolensäure (Omega-3-Fettsäure) und zu 22 % aus der einfach ungesättigten Ölsäure. Nur 15 % sind gesättigte Fette. Sojaöl hat einen neutralen Geschmack und ist gut erhitzbar. So kann es für alle küchentechnischen Zubereitungen gut verwendet werden. Der größte Teil des Sojaöls wird durch Raffination aus Sojabohnen gewonnen. Dabei werden die Ölanteile der Bohne mittels Lösungsmittel extrahiert. Die bei dieser Herstellung anfallenden Reste (Sojapresskuchen) gehen zum größten Teil in die Tierfutterherstellung. Sie können aber auch im Spezialverfahren getrocknet und zubereitet werden. Daraus ergibt sich das texturierte Soja. Es wird auch Sojafleisch, Soja-Schnetzel oder kurz TVP („textured vegetable proteine") genannt und eignet sich für vielfältige Zubereitungen. Sojaöl kann auch schonend ohne äußere Hitzezufuhr gepresst werden, dabei bleibt der arteigene Geschmack weitestgehend erhalten. Dieses native Sojaöl hat meist Bioqualität und darf dann laut EU-Bio-Verordnung weder mit chemischen Lösungsmitteln extrahiert noch raffiniert werden. Einzig erlaubte Nachbehandlung ist die Filtration.

Es ist für Salate, zum Dünsten und Kochen geeignet, sollte aber nicht zum Braten und Frittieren verwendet werden. Wegen seines hohen Lecithingehaltes kann Sojaöl beim Backen als Eiersatz dienen.

Soja-Schnetzel (= Sojafleisch = TVP): Dieses Produkt stammt aus der Sojaölherstellung und ist absolut vielseitig einsetzbar. Vor der Verwendung sollte es im Verhältnis 1:3 in Wasser 10 Minuten einweichen – bitte immer auf die Packung schauen, denn die Herstellerangaben unterscheiden sich. Danach können Sie aus dieser Grundzutat Frikadellen formen, Bologneseoße oder ein Chili zubereiten und auch Gemüse- oder Nudelfüllungen herstellen. Wichtig ist es, gut abzuschmecken und zu würzen. Wer sich unsicher ist, ob durch die Raffination noch Lösungsmittel in diesem Produkt zu finden sind, dem empfehle ich den Kauf von Bioprodukten. Denn bei diesen stammt die Grundsubstanz, der Sojapresskuchen, nachweislich aus lösungsmittelfreier Ölgewinnung (siehe Sojaöl).

Sojaflocken, zart: Für dieses Produkt werden Sojabohnen von Schalen, Bitterstoffen und dem schädlichen Gesundheitsfaktor befreit und dann schonend zu Flocken verarbeitet. Sie sind tischfertig, leicht verdaulich und vollwertig. Die zarten Flocken müssen nicht gekocht werden. Sie können sie einfach über das Müsli oder den Frühstücksbrei streuen. Auch Suppen und Soßen können Sie nach Ende der Garzeit einige Esslöffel zarte Sojaflocken zugeben, was den Eiweiß- und Fettsäuregehalt der Speisen verbessert. Cremesuppen geben die zarten Sojaflocken gleichzeitig etwas feine Bindung, ohne den Geschmack zu beeinflussen.

Knusprige Sojaflocken (= Flakes): Hierfür werden Sojabohnen erst gedämpft und dann zu Flocken gewalzt und leicht geröstet. Sie sind eine vollwertige Beigabe zum Müsli. Sie können Getreideflocken ersetzen, was besonders für diejenigen interessant ist, die für eine gewisse Zeit auf Kohlenhydrate verzichten wollen. Sojaflocken schmecken lecker nussig und behalten den Biss. Für Crunchy und Frühstücksflocken sind sie besonders gut geeignet.

Fertig-Mix: Hier handelt es sich um ein vielfältiges Angebot an Mischungen mit Soja für Burger, Bouletten und Bratlinge. Weizenvollkorn, Grünkern, andere Hülsenfrüchte, Gewürze und Zwiebeln in unterschiedlicher Menge ergeben sehr leckere Mischungen. Allen gemeinsam ist, dass sie nur mit Wasser angerührt werden und dann ausquellen müssen. Geformt zu Bällchen, Kugeln oder Bratlingen können Sie hernach in der Pfanne gebraten oder knusprig frittiert werden – lecker! Testen Sie das umfangreiche Angebot und nutzen Sie es, wenn's mal ganz schnell gehen muss.

Sojasprossen: Diese können Sie einfach selbst herstellen, indem Sie die gelben Sojabohnen gründlich abspülen und dann in ein Sprossenkeimgerät geben. Schon nach wenigen Tagen zeigen sich die vitalstoffreichen Sprossen. Es gibt sie aber auch fertig in der Kühltheke im Gemüsebereich des Supermarktes zu kaufen. Leicht bitter-frisch schmecken die Sprossen, die sie vor der Verwendung einfach nur abspülen müssen. Sie schmecken sehr gut in Salaten und Gemüse- oder Pfannengerichten und auch in Gemüsesuppen oder Smoothies können sie vitalstoffreiche Zutat sein. Wir haben sie als würzige Zutat in der Johannisbeer-Fruchtmix-Konfitüre (siehe Seite 44) verarbeitet.

Sojayogurt: Durch Fermentierung wird aus Sojadrink mittels Milchsäurekulturen ein joghurtähnliches Produkt hergestellt. Je nach Hersteller ist dies weniger fest in der Konsistenz als die Produkte aus Kuhmilch und etwas gräulicher. Es gibt ihn pur oder mit Fruchtzubereitungen. Auch sind oftmals die Vitamine B2, B12 sowie Calcium ergänzt, was den besonderen Anforderungen der veganen Ernährungsform sehr entgegen kommt. Sojayogurt enthält keine Lactose. Deshalb können Menschen mit Lactoseintoleranz ihn ohne Beschwerden genießen. In der EU darf dieses Produkt nicht als Joghurt bezeichnet werden, da dieser Ausdruck nur für Milcherzeugnisse verwendet werden darf. Ich nenne ihn deshalb *Yogurt,* Sie werden in der Kühltheke aber auch Sojagurt, Yofu oder Joghurtalternative auf den Packungen lesen – wichtig ist schließlich zu wissen, was gemeint ist.

Sojadrink: Noch bekannt als Sojamilch, darf aber in der EU auch nicht mehr so heißen (siehe Sojayogurt). So wurde die Milch zum Drink und kann doch ebenso wie diese eingesetzt werden. Hergestellt wird der Sojadrink aus der gelben Sojabohne. Sie können ihn pur genießen, im Kaffee oder für die Zubereitung von Desserts und Fruchtcocktails. Es gibt Sojadrinks in vielen Geschmacksrichtungen, z. B. Vanille, und gemischt als Hafer- oder Mandeldrink. Speziell mit einer Calciumergänzung (120 mg je 100 ml) kann der Sojadrink zur Versorgung mit diesem Mineralstoff beitragen. Weiterverarbeitet wird der Sojadrink zu Sojadesserts, die es auch in sehr vielen Geschmacksrichtungen zu kaufen gibt und die, ebenfalls mit Vitamin B2, B12 und dem Mineralstoff Calcium angereichert, zur Bedarfsdeckung mit diesen Vitalstoffen beitragen können.

Sojacreme zum Kochen: Damit verfeinern Sie Cremesuppen, Soßen und auch Dipps und Aufstriche. Je nach Hersteller gibt es eher flüssige oder cremige Produkte. Sie werden in der Küche eingesetzt wie Sahne und Crème fraîche.

Sojasahne (=Soja-Schlagcreme): Sojadrink angedickt mit Verdickungsmitteln ergibt ein Produkt mit den Eigenschaften von Schlagsahne und genau wie diese ist es zu verwenden. Damit sie fest wird und sich steif schlagen lässt, stellen Sie die Packung sowie die Rührschüssel und die Schneebesen des Mixers mindestens 1 Stunde vor der Verwendung in den Kühlschrank. Bio-Sahnestark verbessert zusätzlich die Konsistenz.

Soja-Käse: Dies ist natürlich gar kein Käse, kann ihn aber ersetzen. In meinen Rezepten nenne ich ihn *Vegi-Cheese*. Sojadrink aus (Bio-)Sojabohnen und Sojaöl sind die Basis, die mit Zusatz- und Hilfsstoffen zum käseähnlichen Produkt werden. Es gibt ihn fest als Schnittkäsescheiben, die sich weder im Geschmack noch in der Konsistenz von einem durchschnittlichen Käse aus Kuhmilch unterscheiden. Auch schnittfest oder fest, als Art Mozzarella–besonders gut zu schmelzen und zum Überbacken geeignet–gibt es inzwischen eine ganze Vielzahl an sehr schmackhaften Käsealternativen. Das Problem ist die Distribution. Normale Supermärkte führen ihn leider noch nicht. Wer kein Reformhaus in seiner Nähe findet, der schaut im Internet. Da findet sich in vielen Vegan-Shops ein breites Angebot.

Tofu: Dies ist ein gepresster Sojabohnenquark hergestellt aus Sojadrink. In seiner puren Form als Natur-Tofu ist er sehr neutral im Geschmack, saugt Soßen gut auf und verträgt kräftige Würzung. Sein Einsatz in der Küche ist schier unbegrenzt. Er kann gebraten, gekocht oder frittiert werden, ist frisch eine tolle Suppeneinlage und ergänzt Salate sowie Cremes, Dips und Dressings. Wer den Natur-Tofu würziger mag, mariniert ihn einige Stunden. Es gibt inzwischen eine Vielzahl von Variationen. Mit Kräuter-Tofu, Basilikum-Tofu, Tofu-Rosso, Oliventofu oder dem würzigen Geräucherten setzen Sie kulinarische Akzente.

Miso: Diese japanische Würzpaste wird aus fermentierten Sojabohnen und anderen Getreiden wie Reis oder Gerste hergestellt. Es gibt Miso in unterschiedlichen Geschmacksrichtungen und Farben. Miso ist reich an Lecithin, Eiweiß und Vitamin B2. Ob es auch das wertvolle Vitamin B12 in verfügbarer Form enthält, ist noch nicht sicher belegt. Miso können Sie verwenden anstelle von Brühe oder zusätzlich. Sie gibt einen besonders würzigen Geschmack und ist ideale Basis einer gesunden basischen Suppe. In Japan beginnt jeder Tag mit einer leichten, stärkenden Miso-Suppe.

Sojasoße: Diese asiatische Würzsoße wird hergestellt aus Sojabohnen, Getreide und Salz. Achten Sie auf traditionelle Herstellung, denn dann haben Sie ein wirklich gutes Produkt. Hier sind Sojabohnen Ausgangsmaterial, das speziell verarbeitet und fermentiert wird. Die Reifedauer beträgt mindestens sechs Monate, kann aber auch fünf Jahre betragen. Durch die Zugabe verschiedener Zutaten ergeben sich unterschiedliches Aroma und besondere Würze. Zahlreiche Sojasoßen werden inzwischen industriell aus Sojaprotein hergestellt mit einer Reifedauer von nur noch wenigen Tagen. Zugesetzte Aromen, Konservierungsstoffe und Zucker sollen das traditionelle Produkt nachahmen. Also: Auf die Packung schauen, dort stehen die Zutaten. Der Preis ist oft auch ein Zeichen.

Vitamine als Katalysatoren

Vitamine sind essenzielle Wirkstoffe. Sie sind zur Aufrechterhaltung von Gesundheit und Leistungsfähigkeit absolut unerlässlich. Sie können komplex oder elektronenmikroskopisch klein, bunt schillernd oder farblos, sauer oder geschmacksneutral sein. Vitamine können – meistens – gar nicht in unserem Körper hergestellt werden und müssen mit der Nahrung aufgenommen werden. Die Aufgabe der Vitamine ist es, chemische Vorgänge in Gang zu bringen, ähnlich wie es Enzyme und Hormone tun. An vielen Reaktionen im Stoffwechsel sind die Vitamine direkt oder indirekt beteiligt. Vielfältige körperliche Abbau- und Umbauprozesse kommen ohne sie nicht in Gang, als Katalysatoren des Stoffwechsels sind sie unerlässlich und sie haben wichtige Funktionen im Immunsystem, beim Zellaufbau und -schutz. Für die Bildung von Blut, Knochen und Zähnen sind sie ebenso von Bedeutung wie auch für die Herstellung von Hormonen.

Vitamine sind nur in Minimengen im Körper vorhanden und die Zufuhr ist nicht in Megadosen notwendig. Doch fehlen dürfen sie auf keinen Fall. Wir unterscheiden grundsätzlich zunächst zwischen wasserlöslichen und fettlöslichen Vitaminen.

Zu den wasserlöslichen gehören die vielen B-Vitamine und Vitamin C.

Die Vitamine A, D, E und K sind fettlöslich. Das bedeutet, sie benötigen immer eine kleine Portion Fett, um vom Körper aufgenommen werden zu können. Unser tägliches Frühstücksbrot (aus dem vollen Korn) und eine vegane Ernährung mit reichlich Gemüse, Obst und Frischkost enthält genügend Vitamine und Vitalstoffe, um unserem Körper die nötige Leistungsfähigkeit zu geben. Gewarnt sei allerdings vor Vitaminräubern wie Zucker, Nikotin, Alkohol, Stress und Medikamenten.

Lesen Sie nachfolgend mehr über die Vitamine, bei denen es durch vegane Kost zu Versorgungslücken kommen kann.

Die fettlöslichen Vitamine

Zu dieser Gruppe gehören die Vitamin A, D, E und K. Ihnen gemeinsam ist, dass sie in Fetten gut löslich sind und auch für Ihre Aufnahme in den Körper bedarf es etwas Fett, wenn auch nur in geringen Mengen. Die fettlöslichen Vitamine nehmen im Darm den gleichen Weg in den Körper wie die Fette. Das heißt, dass sie nicht direkt ins Blut gehen, sondern über speziell gebildete Fetttransportmoleküle zunächst über des Lymphsystem aus dem Darm den Weg in Richtung Blut und Leber nehmen, um dann verstoffwechselt zu werden. Für alle, die also beim Lymphsystem resp. dem Dickdarmmeridian schwach aufgestellt sind, kann es möglicherweise zu Versorgungsengpässen kommen. Für die Küchenpraxis ergibt sich die Notwendigkeit, der Speise oder der Mahlzeit etwas Fett zuzugeben.

Unter den fettlöslichen Vitaminen ist nur das Vitamin D problematisch für Veganer.

Vitamin D – wichtig für die Knochen

Der Tagesbedarf an Vitamin D wird mit 5 bis 25 Mikrogramm angegeben. Und genau genommen ist dieses Vitamin gar kein echtes, denn es kann vom Körper selbst aus Vorstufen hergestellt werden. Notwenig dafür ist Sonneneinstrahlung auf der Haut. Die Empfehlung lautet deshalb, jeden Tag mindestens eine halbe Stunde die Sonne auf die Haut scheinen zu lassen. Das wird ab September bis März in den nordeuropäischen Breitengraden eher schwierig und deshalb gehen inzwischen die Empfehlungen auch durchaus zu einer Ergänzung in der dunklen Jahreszeit. Vitamin D senkt die Infektanfälligkeit und stärkt die Knochen, denn es fördert die Aufnahme von Calcium und Phosphat aus dem Darm und steuert den Einbau dieser Mineralstoffe in die Knochen. Vitamin D ist empfindlich gegen Sauerstoff, Licht und Hitze und so können beim Kochen Verluste bis zu 40 % auftreten. Leider enthalten Pflanzen, bis auf wenige Ausnahmen, kein Vitamin D. Veganern droht die Unterversorgung, deshalb ist jeder Aufenthalt im Freien eine sehr wichtige Prophylaxemaßnahme. Ab ins Schwimmbad! Bei starker Sonneneinstrahlung können bis zu 10.000 i. E. Vitamin D (250 Mikrogramm, der 10-fache Tagesmaximalbedarf!) selbst produziert werden. Und da es sich um ein Speichervitamin handelt, können wir lange davon zehren. Wer allerdings Sonnenmilch mit hohem Schutzfaktor verwendet, stört die Vitamin D Bildung in der Haut, denn dafür sind Sonne bzw. die UV B-Strahlen, unerlässlich. Im Falle einer Ergänzung sollten Veganer auf die pflanzliche Form – Vitamin D2 – achten, wenn sie ein Präparat in Erwägung ziehen. Einige konventionell erzeugte Sojaprodukte werden mit Vitamin D2 angereichert (die Anreicherung ist für Bio-Produkte nicht zugelassen). Sojayogurt und Sojadrink können zugesetztes Vitamin D2 enthalten. Mit 0,75 Mikrogramm Vitamin D2 je 100 g Frischeprodukt kann ½ l Sojadrink oder 500 g-Becher Sojayogurt bereits dreiviertel des Minimalbedarfes decken, immerhin. In nennenswerten Mengen kommt das Vitamin D nur in einigen Pilzen, Avocados und in Wildgemüse wie Brennnessel und Löwenzahn vor. Für den Veganer bedeutet dies: täglich Bewegung an der frischen Luft!

Gehalt an Vitamin D in Mikrogramm je 100 g	
Lebensmittel	
Champignon	2,7
Morchel	3,0
Pfifferling	2,1
Pfifferling, getrocknet	27,65
Steinpilz	3,1
Steinpilz, getrocknet	27,65
Sojamargarine	0,6
Avocado	5,0
Sojadrink	0,75
Sojayogurt	0,75

Die wasserlöslichen Vitamine

Zur Gruppe der wasserlöslichen Vitamine gehören das Vitamin C und die Vitamine der B-Gruppe. Allen gemeinsam ist, dass sie nicht gespeichert werden können und täglich mit der Nahrung zugeführt werden müssen. Für diese Vitamine besteht keine Sorge der Überdosierung, da sie ja einfach ausgeschieden werden. Probleme in der Versorgung können sich für Veganer ergeben bei den Vitaminen B2, B6 und B12. Für das Vitamin C gibt es keinerlei Probleme in der Versorgung und dennoch hat es bei veganer Kost eine besondere Bedeutung, da es die Aufnahme von Eisen in den Körper unterstützt und dieser Mineralstoff problematisch sein kann.

Vitamin B2 (Riboflavin) – stärkt die Konzentration

Der Tagesbedarf wird mit 1,5 mg angegeben. Das Vitamin B2 ist für die Energieversorgung und für die Fettverbrennung unerlässlich. Es stärkt Konzentration, Sehkraft und die Muskeln. Als Coenzym und Baustein in der Atmungskette gibt es Kraft und Leistungsfähigkeit. Zu wenig von diesem Vitamin kann für depressive Stimmungen mit verantwortlich sein. Aufgrund seiner Unempfindlichkeit gegenüber Temperaturen ist ein Mangel aufgrund von Kochverlusten eher selten Allerdings ist das Riboflavin wasserlöslich: Also besonders beim Vorbereiten, Putzen und Waschen aufpassen! Und auch das Kochwasser verwenden, da es beim Zubereiten zu Auslaugverlusten kommen kann. Vitamin B2

ist lichtempfindlich, deshalb sollten Sie die gekauften Waren möglichst dunkel lagern, am besten im Gemüsefach ihres Kühlschrankes. Eine Unterversorgung ist recht selten. Da es allerdings hauptsächlich aus Fleisch, Milch und Eiern stammt und nur wenig in Gemüse und Obst vorkommt, sollte bei veganem Essstil auf den Einsatz von Sojabohnen und Tofu geachtet werden. Die gesundheitlichen Anzeichen einer Unterversorgung mit diesem Vitamin sind sehr unspezifisch und vielfältig. Müdigkeit, Muskelschwäche, aufgesprungene Lippen, Lichtempfindlichkeit, Haarausfall und Hautschuppen sind ebenso Anzeichen wie Herz-Kreislauf-Erkrankungen und ADHS. Die Lieferanten für Riboflavin sind Sojabohnen, Nüsse und Hülsenfrüchte. Kräuter enthalten ebenfalls Vitamin B2 und liefern es ohne Einbußen, z. B. wenn Sie grüne Smoothies zubereiten oder frische Kräuter nach Ende der Garzeit zur Speise hinzufügen.

Gehalt an Vitamin B2 in mg je 100 g	
Lebensmittel	
Dill	0,43
Estragon	0,20
Gartenkresse	0,19
Kerbel	0,30
Petersilie	0,30
Sauerampfer	0,16
Erbsen, getrocknet	0,27
Kichererbsen	0,18
Linsen	0,26
Sojabohnen	0,52
Sojamehl	0,28
Cashewkerne	0,26
Haselnuss	0,21
Leinsamen	0,16
Mandel	0,62
Austernpilz	0,40
Butterpilz	0,40
Champignon	0,44
Steinpilz	0,37
Löwenzahnblätter	0,17
Mangold	0,16
Rosenkohl	0,14
Spinat	0,23
Zuckerschoten	0,12

Vitamin B6 (Pyridoxin) – Nerven wie Drahtseile

Der Tagesbedarf liegt bei 2–3 mg. Ist er gedeckt, haben wir starke Nerven und eine gute Konzentrationsfähigkeit. Das Pyridoxin ist besonders wichtig für den Abtransport der Schlackestoffe aus den Körperzellen sowie für die Muskulatur, das Blut und den Eiweißstoffwechsel. Eine entscheidende Funktion hat Vitamin B6 beim Histaminabbau, der ohne dieses und bei ungenügender Versorgung mit Vitamin C nicht optimal verläuft und enorme gesundheitliche Probleme verursacht.

Als Folge einer unzureichenden Zufuhr mit Vitamin B6 können sich rheumatische Erkrankungen einstellen, aber auch Muskelschwäche und Blutarmut. Im leichtesten Fall zeigen sich Sehschwäche und Vergesslichkeit, aber auch Immunschwäche und Depressionen.

In pflanzlichen Lebensmitteln ist dieses Vitamin reichlich enthalten und die Versorgung bei veganer Kost optimal gesichert. Bereits eine Mahlzeit aus einer Avocado, einer Paprika, einer Portion gemischtem Gemüse deckt den Tagesbedarf eines Erwachsenen. Enthalten ist Pyridoxin auch in Nüssen und Saaten. Von Früchten und Gemüse liefern Bananen, Rosinen, Mangos, Kaktusfeigen, Möhren, Lauch, Sauerkraut, Rosenkohl, Brokkoli, grüne Bohnen, Feldsalat, Grünkohl, Kartoffeln und Schnittlauch dieses Vitamin. Übrigens ist das in Pflanzen enthaltene Pyridoxin dem aus tierischen Produkten haushoch überlegen, da es hitzestabil ist. So ergeben sich Verluste durch Erhitzen bei Milchprodukten und Fleisch von fast 70 %.

Psychosomatische Störungen und Burn-out können an einem Mangel an B6 liegen. Auch die Einnahme von Hormonpräparaten (Anti-Babypille) kann die Versorgung mit Vitamin B6 dramatisch verschlechtern und das Nervenkostüm ankratzen.

Gehalt an Vitamin B6 in mg je 100 g	
Lebensmittel	
Buchweizen	0,58
Vollkornmehl	0,42
Hafer	0,96
Hirse	0,75
Weizenkeime	3,30
Weizenkleie	2,50
Wildreis	0,65
Blumenkohl	0,20
Feldsalat	0,25
Grüne Bohnen	0,28
Grünkohl	0,25
Kartoffeln	0,40
Knoblauch	0,38
Lauch (Porree)	0,25
Paprika, rot	0,30
Sauerkraut	0,20
Spinat	0,22
Augenbohnen	0,38
Kichererbsen	0,54
Limabohnen	0,50
Sojabohnen	1,19
Avocado	0,53
Banane, getrocknet	0,60
Cashewkerne	0,45
Erdnuss, geröstet + gesalzen	0,60
Haselnuss	0,45
Leinsamen	0,60
Pistazienkerne	0,30
Sesamsaat	0,75
Sonnenblumenkerne	0,75
Walnuss	0,87

Vitamin B12 (Cobalamin) – macht gute Laune und wach

Der Tagesbedarf an diesem Vitamin beträgt 3 Mikrogramm. Es ist wichtig für alle Nervenzellen und verleiht Lebensfreude und geistige Frische. Auch im Protein- und Fettstoffwechsel kommt dem Cobalamin eine Bedeutung zu. Wer nicht genügend davon hat, hat es schwer bei der Gewichtsreduktion. Auch für den Eisenstoffwechsel, den Knochenaufbau und die Bildung der roten Blutkörperchen ist Vitamin B12 unerlässlich. Eine Unterversorgung kann sich zeigen durch einen erhöhten Cholesterinspiegel, Mundentzündungen, Müdigkeit und Abgeschlagenheit bis hin zu Depressionen. Deutliches äußeres Anzeichen von einem Zuwenig an Cobalamin sind rosa erscheinende Augenlider und geplatzte Äderchen im Augenweiß. Bemerken Sie dies bei sich, dann sollten Sie Ihren Vitaminstatus beim Arzt untersuchen lassen.

Vitamin B12 ist für das gesamte Wachstum und die Blutbildung unerlässlich. Bei einem ausgeprägten Mangel kann es zur perniziösen Anämie kommen. Diese zerstörerische Blutarmut zeigt sich äußerlich durch fahle, gelbe Gesichtshaut, extreme Müdigkeit und Abgeschlagenheit bis hin zu Kribbeln in den Fingern und Zehen. Oft liegt hier allerdings keine Unterversorgung aus der Nahrung zugrunde. Vielmehr sind Störungen beim Stoffwechsel und der Aufnahme in den Körper dieses Vitamins Ursache. Verdauungsstörungen, Magenschleimhautentzündungen oder Veränderungen in der Darmschleimhaut können sich negativ auf die Aufnahme auswirken, denn das Vitamin B12 wird fast ausschließlich über aktive Transportvermittlung in den Körper geschleust. Auch bestimmte Medikamente, wie beispielsweise das Breitband-Antibiotikum Neomycin, können die Resorption von Vitamin B12 negativ beeinflussen. Da Vitamin B12 in der Leber gespeichert wird, stellt sich die Unterversorgung nur schleichend ein. An den Leistungsverlust und andere Veränderungen gewöhnt man sich,

EXKURS HISTAMIN

Histamin ist ein Naturstoff, der im Körper als Gewebshormon und Neurotransmitter wirkt. Man unterscheidet zwischen **endogenem** (wird vom Körper selbst gebildet) und **exogenem** (stammt aus der Nahrung) **Histamin.** Beim Menschen spielt das endogene Histamin eine zentrale Rolle bei allergischen Reaktionen und ist an der Abwehr körperfremder Stoffe und von Mikroorganismen über das Immunsystem beteiligt. Histamin ist Entzündungsmediator und im Körper von sehr wichtiger Bedeutung. Durch mikrobiellen Abbau von Eiweiß ist exogenes Histamin in Lebensmitteln enthalten, die während der Herstellung einen bakteriellen Gärungs- und Reifeprozess durchmachen.

Bei **Histamin-Intoleranz** sollten sie gemieden werden. Für den Veganer sind alkoholische Getränke (vor allem Rotwein und Sekt), geräucherte Produkte (wie Räuchertofu) und Sauerkraut von Bedeutung. Aber auch bestimmte Gemüsesorten wie Auberginen, Spinat und Tomaten und sogar Orangen und Schokolade können bei Histamin-Intoleranz Probleme verursachen. Wer nach dem Verzehr von Geräuchertem mit hochrotem Kopf, juckender Haut oder geschwollenen Augen reagiert, sollte diese Dinge zunächst weglassen.

Ausgangspunkt ist wie so oft der Darm. Als Gewebshormon ist Histamin zuständig für die Heilung und Reparatur u. a. von Haut und Schleimhaut. Es wirkt quasi wie ein Pflaster, ist per se also gar nicht schlimm, doch es muss auch wieder abgebaut werden und hier setzt oft das Problem an. Die DAO (Diaminoxidase) ist das Enzym im Dünndarm, welches Histamin abbaut. Wird von den Enterozyten zu wenig produziert, vielleicht weil der Darm wie der Rest des Körpers übersäuert ist oder weil ein **leaky gut (Durchlässiger Darm)** vorliegt, so kann das Histamin nicht abgebaut werden und verursacht Probleme. Auch ist die DAO leider nicht nur für das Histamin zuständig, sondern auch für andere biogene Amine wie Serotonin aus Schokolade oder Tyramin aus Orangen. Problematisch ist, dass die anderen biogenen Amine dem Histamin vorgezogen werden. Und doch handelt der Körper wieder in weiser Voraussicht, denn einige biogene Amine stehen im Verdacht, Krebs auszulösen. Ein bisschen Jucken, Quaddeln und Kopfweh nimmt unser Körper gern in Kauf, wenn er dafür Zellentartungen verhindern kann: Überlebenssicherung. **Die Hemmung der DAO** wird auch für Medikamente diskutiert, als da wären ACC (Schleimlöser), Clavlansäure (Antibiotikum), Metamizol (Schmerzmittel), Amitryptilin (Antidepressivum) – allesamt überaus gebräuchliche Mittel. Und natürlich braucht die DAO Unterstützung durch Coenzyme: Vitamin B6 und Vitamin C sind notwendig, damit die DAO überhaupt funktionieren kann.

Sollten Sie also Probleme mit dem Histamin haben, dann ist die vegane Kost die beste Wahl, denn sie liefert reichlich von diesen Vitaminen und nur wenig Belastendes.

denn bei ungenügender Zufuhr von Cobalamin reichen die Vorräte für etwa 2 bis 4 Jahre. Und leider ist die Versorgung mit dem Vitamin B12 eher schwierig, wenn kein Fleisch konsumiert wird. Dies stellt an Veganer eine große Herausforderung. Cobalamin wird ausschließlich von Bakterien produziert und kommt über den Verzehr durch die Tiere in die Mischkost. Im Pflanzenbereich ist es nur in Produkten, die eine bakterielle Umsetzung durchlaufen haben, enthalten. Ob und in welchen Mengen Sauerkraut und milchsauer vergorene Säfte diesen Vitalstoff enthalten, ist nicht sicher belegbar. Bierhefeflocken beinhalten B12 und könnten als Ergänzung der Nahrung konsumiert werden, auch ein Hefe-Weizenbier ist nicht schlecht. Enzym-Ferment-Getreide enthält dieses Vitamin sowie zusätzlich auch noch Folsäure und wertvolle Mineralstoffe. Das schonend gefriergetrocknete Pulver kann sehr gut in Suppen und

Soßen eingerührt werden und liefert dann auch noch kräftiges Aroma. Da Vitamin B12 hitzelabil ist, geben Sie das Pulver am besten erst nach dem Kochen zum Abschmecken dazu, wenn Sie ein warmes Gericht zubereiten. Auch zwischen Streichfett und Gemüseauflage (Tomatenbrot) kann es gut eingesetzt werden. Vitamin B12 wird auch von der gesunden Darmflora des Menschen selbst produziert. Allerdings erst im Bereich des Dickdarmes. Ob hier noch eine Resorption möglich ist, ist bisher nicht sicher geklärt. Oft lesen wir, dass Algen zur B12-Versorgung beitragen können. Auch dies ist noch nicht abschließend geklärt. Es zeigte sich zwar in einer Studie, dass Veganer, die Algen zu sich nahmen, einen höheren Vitamin-B12-Spiegel aufwiesen als solche, die keine Algen zu sich nahmen. Und doch soll es sich bei dem in Algen enthaltenen Cobalamin um Analoga ohne Wirkung handeln. Durch den Verzehr von frischen Sojaprodukten kann über den Vitamin-B12-Zusatz die Versorgung unterstützt werden. Wer strikt vegan lebt, sollte sich einmal mit dem Thema der Nahrungsergänzung auseinandersetzen.

Gehalt an Vitamin B12 in Mikrogramm je 100 g	
Lebensmittel	
Bierhefeflocken	1,06
Kanne Brottrunk	0,30
Enzym-Ferment-Getreide	0,50
Soja-Yogurt	0,38
Sojadrink	0,38
Alkoholfreies Hefe-Weizenbier (Paulaner)	0,23
Akoholfreies Hefe-Weizenbier (Erdinger)	0,13

Vitamin C (Ascorbinsäure) – der Tausendsassa

Der Tagesbedarf an diesem Vitamin beträgt 200 mg. Wer allerdings viel Stress hat, Zigaretten raucht oder Alkohol konsumiert und sich zum Sonnenbaden an den Strand legt, benötigt eine größere Menge. Das Vitamin C hat vielfältige Aufgaben und ist an 15.000 Stoffwechselabläufen im Körper beteiligt. Als Fänger von sogenannten Freien Radikalen ist es aktiver Zellschutz und wichtig zum Vorbeugen von Krebs, Herzinfarkt und Arteriosklerose. Es aktiviert im Immunsystem die Fresszellen bei der Bekämpfung von Viren und Bakterien. Auch für die Regeneration des Bindegewebes ist die Ascorbinsäure essenziell und eine gute Versorgung kann sogar der Cellulite entgegenwirken und das Hautbild verbessern. Vitamin C ist für die Wundheilung unerlässlich und fördert die Entgiftungsleistung der Zellen. Ein Mangel an diesem Vitamin ist bei uns eher selten, äußert sich allerdings zu Anfang sehr unspezifisch durch Müdigkeit, Mattigkeit, Gelenkschmerzen und -steifigkeit.

Vitamin C steckt in einer Vielzahl von Früchten und Gemüse. Wer sich also vegan und somit von pflanzlichen Lebensmitteln ernährt, hat mit der Vitamin-C-Versorgung eher kein Problem. Es steckt in unterschiedlichen Mengen z. B. in Beeren (Acerola, Sanddorn, Hagebutten, Erdbeeren), Zitrusfrüchten (Zitronen, Orangen, Grapefruit, Mandarinen, Kumquat), Papayas, Kiwis, Ananas, Aprikosen und in Wassermelonen. Auch die folgenden Gemüsesorten liefern reichlich: Paprika, Petersilie, Brokkoli, Blumenkohl, Römersalat, Rosenkohl, Grünkohl, Kohlrabi, Tomaten, Spargel, Sellerie, Squashkürbis, Karotten, Süßkartoffeln, Kartoffeln und frisches Sauerkraut. Bei veganer Kost ist das Vitamin C von hoher Bedeutung, weil es die Aufnahme vom Spurenelement Eisen in den Körper verbessert und Blutarmut vorbeugen hilft. Denn gerade das Eisen aus der pflanzlichen Nahrung ist leider wenig gut bioverfügbar.

Die Bedeutung der Mineralstoffe

Bei Mineralstoffen handelt es sich um Salze, die in unserem Körper viele unentbehrliche Funktionen ausüben. Sie sind u. a. Teil des Skeletts und haben eine enorme Bedeutung bei der Regulation des Säure-Basen-Haushalts. Sie regulieren den Wasserhaushalt und haben im Stoffwechsel sowie bei der Bildung von Hormonen und Enzymen viele Funktionen. Die Mineralstoffe werden in unterschiedlichen Mengen vom Körper benötigt und deshalb unterteilt man sie in Mengen- und Spurenelemente. Der reichliche Genuss vom Gemüse, Obst und Vollkornerzeugnissen sichert den Bedarf des Veganers. Nur wenige könnten Versorgungslücken zeigen und die schauen wir uns jetzt genauer an.

Calcium für Knochen und Zähne

Der tägliche Calciumbedarf beträgt etwa 800 mg. Rund 1 Kilogramm von diesem Mengenelement haben wir im Körper, das meiste davon steckt im Skelett. Kaum ein Vorgang in unserem Stoffwechsel kommt ohne Calcium aus: Blutbildung, Hormonbildung, auch die der Schilddrüsenhormone und die Aufrechterhaltung des Säure-Basen-Gleichgewichtes sind nur einige Aufgaben. Leider steckt dieser Stoff hauptsächlich in Tierprodukten wie Milch und Käse und so sollten Veganer in ihrer Ernährung diesem Stoff besondere Beachtung schenken. Sesam, Nüsse, Hefe, einige Getreidearten und grünes Blattgemüse enthalten Calcium und auch Sojafrischeprodukten wird es zugesetzt. Begünstigt wird die Calciumaufnahme im Darm durch die Anwesenheit des Vitamin D. Gleichzeitig in der Nahrung enthaltene Phytate (aus Getreide) oder Oxalate (aus Spinat) hingegen behindern die Resorption, indem sie mit dem Calcium unlösliche Komplexe eingehen. Auch Phosphor (enthalten in Colagetränken) behindert die Aufnahme aus der Nahrung. Besonders wichtig scheint speziell für Frauen zu sein, dass im Kindes- und Jugendalter genügend Calcium in die Knochen eingebaut wird. Denn nur so besitzen die Knochen die ausreichende Festigkeit, um nach den Wech-

seljahren durch den veränderten Östrogenhaushalt nicht an Brüchigkeit, der Osteoporose, zu erkranken. Bei einem Calciummangel leiden aber nicht nur die Knochen. Längsriffel auf den Nägeln, Muskelkrämpfe oder Übererregbarkeit der Nerven sowie Hautveränderungen können mögliche Folgen einer Unterversorgung sein. Übrigens steigt unser Bedarf an diesem Mineralstoff durch Stress und reichlichen Alkoholkonsum. Auch Cortison (eingesetzt gegen Entzündungen beispielsweise bei Allergien, Rheuma, Darmerkrankungen) kann zu einer Auslagerung von Calcium aus den Knochen führen.

Gehalt an Calcium in mg je 100 g	
Lebensmittel	
Brottrunk	105
Enzym-Ferment-Getreide	67
Hefeflocken	200
Weizenkeimflocken	70
Sojayogurt	120
Sojadrink	120
Soja-Schnetzel	250
Sojabohnen	257
Tofu	128
Aprikosen, getrocknet	1370
Bananenchips, geröstet	1220
Erdnüsse, geröstet	65
Datteln	65
Feigen	54
Haselnüsse	226
Leinsamen	260
Mandeln	252
Mandelmus	270
Mohn	448
Rosinen	800
Sesamsaat	783
Tahini (aus Sesam)	420
Blattspinat	125
Brokkoli	105
Brunnenkresse	180
Grünkohl	212
Mangold	103
Porree (Lauch)	87
Wirsing	47
Zuckerschoten	310

Eisen wichtig für das Blut

Der tägliche Bedarf an diesem Spurenelement ist zwar mit nur 1 mg beschrieben. Wegen der schlechten Aufnahmerate sollte die Nahrung allerdings täglich 12 mg enthalten. Eisen ist wichtiger Bestandteil der roten Blutkörperchen und für die Aufnahme und den Transport von Sauerstoff unerlässlich. Auch für die Haut und die Haare ist dieser Stoff wichtig und so können sich bei einer Unterversorgung brüchige Fingernägel, splissige Haare und Wundwinkelrisse einstellen. Aber auch Schlafstörungen, Muskelschmerzen bis hin zu Depressionen können Folgen sein. Ein Mangel an diesem Element kann akut auftreten bei hohen Blutverlusten oder auch schleichend bei Mädchen und Frauen durch die Menstruation. Und auch wenn dauerhaft zu wenig aus der Nahrung aufgenommen wird. Bei Eisenmangel kann sich Blutarmut einstellen mit zunächst unspezifischen Zeichen wie Appetitmangel, allgemeine Müdigkeit und Leistungsminderung aber auch eine fahle, blässliche Gesichtsfarbe kann einen Hinweis darstellen. Das Problem bei veganer Ernährung ist, dass der Gehalt in pflanzlicher Nahrung nicht sehr hoch ist und die Aufnahmerate gleichzeitig geringer als beim Verzehr von Fleisch. Eisen kommt vor in Nüssen und Kernen, Hülsenfrüchten, Vollkorn und Soja, Bierhefe, Sesam und auch in Aprikosen. Auch in Spinat, Kräutern und Salat ist es enthalten. Probleme kann es bei der Resorption im Darm geben durch ebenfalls in der Nahrung enthaltenes Calcium, durch Oxalate (in Spinat) und Phytate (im Getreide). Diese Stoffe bilden mit dem Eisen große Komplexe, die nur schwer aufgespalten werden können. Vitamin C hingegen verbessert die Verfügbarkeit vom Eisen aus dem Essen. Also am besten Vitamin-C-reiches Obst oder Gemüse ergänzen. Um das Eisen aus den Frühstücksflocken dennoch zu erhalten, ist Einweichen für etwa 1 Stunde gut und auch der Frischkornbrei, über Nacht eingeweicht, kann Eisen liefern.

Gehalt an Eisen in Mikrogramm je 100 g

Lebensmittel	
Amaranth	8000
Buchweizen	3200
Hafer	5800
Hirse	9000
Quinoa	9000
Pumpernickel	1898
Roggenvollkornbrötchen	2407
Vollkornbrot	2180
Vollkornnudeln ohne Ei	3579
Brottrunk	4400
Enzym-Ferment-Getreide	3380
Kürbiskerne	11200
Leinsamen	8200
Pinienkerne	9200
Reiskleie	17700
Sonnenblumenkerne	6300
Weizenkeimflocken	9000
Kichererbsen	7200
Kidneybohnen	6700
Linsen	6900
Sojabohnen	8590
Soja-Schnetzel	11000
Sojanudeln	4039
Tofu	1867
Hefeflocken	16000
Brunnenkresse	3140
Fenchel	2700
Frische Erbsen	1840
Grünkohl	1900
Möhren	2100
Spinat	3500
Süßkartoffel	850
Topinambur	3700
Karottensaft	1500
Sauerkrautsaft	1693
Himbeeren	1000
Datteln	1900
Schwarze Johannisbeeren	1290

Zink – für Immunsystem, Fruchtbarkeit und gute Haut

Der Tagesbedarf an diesem Spurenelement liegt bei 15 mg. Neben dem Spurenelement Eisen hat Zink eine wichtige Bedeutung besonders für Sportler. Als Bestandteil vom Insulin-Zink-Komplex in der Bauchspeicheldrüse wirkt es sich auf den Zucker- und Fettstoffwechsel aus. Zusammen mit Vitamin B6 und Folsäure fördert es die Zellregeneration und ist besonders wichtig für Immunsystem, Haut, Haare und Fingernägel sowie für die Bildung von bestimmten Hormonen. Eine Unterversorgung mit Zink kann zu Geruchs- und Geschmacksstörungen führen, die allerdings reversibel sind. Das braucht jedoch viel Zeit. Mangelsymptome sind schuppige Haut, Haarausfall, verzögerte Wundheilung und ein schwaches Immunsystem. Auch Unfruchtbarkeit kann die Folge von zu wenig Zink sein. Wie beim Eisen ist auch beim Zink die Resorption aus der Nahrung problematisch, wenn Phytate aus Getreide gleichzeitig anwesend sind. Eine Zinkunterversorgung kommt in weiten Teilen der Bevölkerung vor und auch Veganer sollten auf eine gezielte Zufuhr achten. Stress und der Verzehr von Weißmehlprodukten erhöhen den Zinkbedarf ebenso wie der Verzicht auf tierische Nahrung. Die Bierhefe (als Flocken oder auch als Presslinge zusätzlich verzehrt) und das Enzym-Fermentgetreide und der Brottrunk können helfen, den Bedarf zu sichern.

Gehalt an Zink in Mikrogramm je 100 g	
Lebensmittel	
Grünkern	3500
Hafer	4500
Roggenvollkornbrötchen	2097
Sojamehl	4900
Sojanudeln	2775
Soja-Schnetzel	5700
Weizen	4100
Weizenvollkornbrot	2100
Bierhefe	8000
Brottrunk	2600
Cashewkerne, geröstet + gesalzen	4658
Enzym-Ferment-Getreide	2410
Haselnüsse	1900
Hefeflocken	7400
Mohnsamen	10230
Sesam	7775
Sonnenblumenkerne	5100
Weizenkeimflocken	12000
Weizenkleie	13300
Kichererbsen	3000
Limabohnen	3100
Linsen	5000
Brokkoli	940
Erbsen	1000
Pastinake	850
Rosenkohl	870

Jod – Motor für Körper und Seele

Der Bedarf an diesem Spurenelement ist 200 Mikrogramm am Tag und leider wird er sowohl von Mischköstlern als auch von Veganern nur selten erfüllt. Dabei ist dieser Stoff für den gesamten Stoffwechsel, das jugendliche Wachstum und die körperliche Entwicklung von unerlässlicher Bedeutung. Das körperliche und seelische Empfinden des Menschen steht und fällt mit der Arbeit seiner Hormone. Eine zentrale Rolle spielt hier die Schilddrüse. Und genau diese braucht Jod, damit sie ihre beiden Schilddrüsenhormone Thyroxin und Trijodthyronin bilden kann. Jod kommt nur in ausreichender Menge in Seefischen, Meeresfrüchten, Muscheln und in Algen vor. Pflanzen, die hier bei uns in Europa angebaut werden, enthalten kaum Jod, da die Böden aufgrund von Auswaschungen, die aus der Steinzeit herrühren, jodarm sind. Deshalb wird auch immer wieder das Thema Zusatz im Trinkwasser diskutiert. Zum Glück konnte sich diese Maßnahme bisher nicht durchsetzen, denn nur rund 3 Liter der täglich verbrauchten Menge von etwa 150 l Trinkwasser wird für die Ernährung konsumiert. Der Rest würde mit samt dem Jod einfach in die Kanalisation fließen. Bekommt der Körper zu wenig Jod, so vergrößert sich die Schilddrüse. Ein Jodmangelkropf kann entstehen mit vielen Veränderungen in Struktur und Funktion der Schilddrüse. Starker Jodmangel führt zur Schilddrüsenunterfunktion mit Wachstumsverzögerungen und Herabsetzung des Stoffwechsels. Auch Konzentrationsschwäche, Müdigkeit und Antriebsarmut können sich einstellen – allesamt Zustände,2 die uns nicht wirklich an einen ernsthaften Mangelzustand denken lassen.

Für Veganer ist die Sicherung des Jodbedarfes möglich durch den Verzehr von Algen. Dabei ist besonders die Rotalge, Braunalge, Seetang geeignet. Bereits 3 Blätter Nori (= 7,5 Gramm) decken den Jod-Tagesbedarf. Kombu-Algen hingegen sind ungeeignet, da sie viel zu viel Jod enthalten und sogar eine Überdosis mit negativen Folgen für die Schilddrüse verursachen können. Wer keine Algen konsumiert, sollte wenigstens Jodsalz verwenden. Es ist entsprechend gekennzeichnet und enthält etwa 25 mg Jod pro Kilo Kochsalz. Bei einem Verzehr von 4 g Jodsalz wäre die Jodzufuhr gesichert.

Die Vitalstoffmessung

Keine Angst vor Vitalstoffmangel

„Bin ich ausreichend versorgt oder nicht?", diese Frage stellen sich gesundheitsbewusste Menschen immer wieder. Die Aussagen zum Bedarf und Mangel an Vitaminen sind sehr komplex, sodass wir uns meist keine objektive Meinung bilden können. Problem bei manchem Vitalstoff ist, dass sich eine Unterversorgung langsam und schleichend einstellt und deswegen oftmals gar nicht bemerkt wird. Ein daraus resultierender Leistungsverlust wird entweder nicht wahrgenommen oder den Lebensumständen, Stress und hoher Arbeitsbelastung zugeschrieben.

So ging es auch Bernhard S. Er wirkte matt, schlapp und müde, als er an unserem Präventionswochenende teilnahm, zu dem auch immer die Vitalstoffmessung gehört. Was sich im Meridianbild zeigte, war ein starker Vitamin-12-Bedarf und Übersäuerung. Anzusehen war dies Bernhard an seinen rötlichen Augenrändern und den vielen geplatzten Äderchen im Augenweiß. In der Beratung sagte er uns, dass die Augen schon viele Jahre sein Problem seien. Also empfahlen wir ihm die Präparate zur Unterstützung, die sich aus der Meridiandiagnose ergeben hatten vorerst für vier Wochen und baten ihn, dann zur Nachkontrolle zu kommen. Doch schon nach 14 Tagen erscheint er überglücklich. Die Augen hatten sich erholt, die geplatzten Äderchen waren spurlos verschwunden und von der Müdigkeit war nichts mehr geblieben.

Viel Verunsicherung

Was die Menschen sehr verunsichert, sind die sehr unterschiedlichen Aussagen dazu, wie viele Vitamine wir denn nun wirklich brauchen. Deshalb testen wir in der Praxis für Ernährung und Prävention in Winsen/Luhe individuell, allerdings keine Blutparameter. Wir arbeiten mit einem speziellen Meridianverfahren völlig schmerzfrei, das an die chinesische Lehre der Akupunktur angelehnt ist. Das Messverfahren stammt aus der russischen Raumfahrttechnologie und bietet eine sichere Austestung von Nahrungsmittelunverträglichkeiten und der Versorgung mit Vitalstoffen. Die Vitalstoffmessung zeigt, welche Mikronährstoffe dem Körper fehlen und welche ausreichend vorhanden sind. Sie kann schnell und sicher einen Überblick verschaffen. In der anschließenden Beratung werden dann die Lebensmittel empfohlen, die die gemessenen Vitalstoffe enthalten oder eine gezielte natürliche, ganzheitliche Ergänzung der Speisen.

Lebensmittel austesten

Mit dem Meridian-Diagnose-System lassen sich Nahrungsmittelunverträglichkeiten sicher feststellen, die auch den Veganer belasten können. In jahrelanger Forschungsarbeit hat der spanische Arzt Professor Jesus Lozano dieses Pro Nutri-System mitentwickelt. Nur über Frequenzen und nicht durch die stoffliche Aufnahme oder langwierige Auslassdiäten kann hiermit schnell ermittelt werden, worauf der Körper reagiert. Aus 32 Diagnosegruppen werden bis zu 520 verschiedene Lebensmittel getestet. Dabei schauen wir uns genau die einzelnen Produkte an. Bei dem Gemüse ganz gezielt u. a., ob Tomate, Gurke, Zwiebel, Porree oder Knoblauch vertragen werden. Beim Obst wird genau ermittelt, wie sich der Energiestatus ändert, wenn sich der Körper mit Ananas, Mango, Birnen, Äpfeln, Weintrauben oder Fruchtzucker auseinandersetzen muss – ohne dass Sie diese Dinge wirklich essen müssen, denn die Meridiananalyse basiert auf der Frequenztechnik. Sie ist absolut sicher und die Ergebnisse sind reproduzierbar. Reagiert das Meridiansystem und verliert es Energie durch die entsprechende Nahrung, so kann dies sofort am Bildschirm nachvollzogen werden. Ein auf den Ergebnissen basierendes Ernährungskonzept wird anschließend vom Patienten etwa 3 Monate bis zur Nachkontrolle und Folgemessung angewendet.

Individuell unterstützen

Mit großem Erfolg setzt sich dieses einzigartige Verfahren inzwischen bundesweit und auch in Österreich durch. Und es deckt Ernährungsfehler auf, wie bei Frauke H. Sie hatte vor vielen Jahren gehört, dass Kohlenhydrate schlecht sind und eiweißreiche Kost das Abnehmen fördert. Entsprechende Diät- und Ernährungsbücher besaß sie viele und lebte bereits mehr als 10 Jahre nach diesem Ernährungskonzept. Sie machte 3–5 Mal in der Woche intensiv Sport, trank keinen Alkohol und hatte den Konsum von Zucker und Süßem fast ganz eingestellt. Eigentlich hätte sie schlank sein sollen. Doch im Gegenteil: Sie nahm kontinuierlich zu und war völlig verzweifelt. Der Nahrungsmitteltest ergab bei ihr ganz eindeutig eine Unverträglichkeit von Nahrungsmitteln mit hohem Eiweißgehalt. Kohlenhydrate waren gut verträglich und auch Fette. Das brachte das Ernährungs-Weltbild unserer Klientin zum Wanken. Doch sie ließ sich auf den neuen Weg ein. Wichtiger Grund hierfür war wohl auch, dass wir ihre Probleme im Lymphbereich dank der Heilpraktikerin im Team sicher diagnostizieren konnten – wer Probleme hat mit dem Lymphabfluss, für den ist Eiweißkost nicht gut. Mit einer Ernährungsliste und einem Plan in der Hand ging Frauke H. nach Hause, noch immer etwas verunsichert, denn alle ihre Ernährungsgrundsätze fielen wie ein Kartenhaus in sich zusammen. Fast ganz nebenbei hatte sie in wenigen Tagen vier Kilo verloren – Wasser zwar, denn die Lymphe kam wieder im Fluss. Nun nimmt sie langsam, aber kontinuierlich ab, treibt weiter intensiv Sport und kommt regelmäßig zur Nachkontrolle, um nachhaltig ihre Gesundheit zu unterstützen.

Die Zahl der Therapeuten, die das Prognose-Diagnose- und Therapiesystem einsetzen, nimmt stetig zu. Besonders die Testung von Unverträglichkeiten auf Nahrungsebene ist einzigartig.

Mehr Infos zum Thema finden Sie unter www.vitalstoffmessung.de

Anne Bühring zusammen mit einer Patientin bei der Vitalstoffmessung

Das Interview

Petra Nachtigall ist Inhaberin eines Reformhauses und lebt seit 25 Jahren vegan.

Studien belegen, dass Veganer weniger gefährdet sind, an Zivilisationskrankheiten wie Herzinfarkt, Schlaganfall oder Diabetes zu erkranken. Sie gelten als sportlich aktiv und besonders umweltbewusst. Dennoch hält sich hartnäckig das Vorurteil, dass fleischlose Kost mit einem Mangel an Vitalstoffen einhergeht. Ein Gespräch mit Petra Nachtigall. In ihrem Reformhaus berät sie Kunden zum Thema gesunde Ernährung und Entgiftung und lebt selbst schon viele Jahre vegan.

1- Wenn ich ganz ehrlich sein darf: Sie sehen sehr gut aus und widersprechen dem Vorurteil, dass man Veganern ihren Vitaminmangel bereits ansehen könnte. Haben Sie ein Geheimrezept?
Ich möchte den Lesern den Rat geben, wirklich zu essen. Dazu gehört viel frisches Gemüse, Obst und frische Kräuter. Mit Fett sollten sie nicht sparen und für vielseitige Abwechslung sorgen durch die Verwendung von unterschiedlichen Ölen wie kaltgepresstes Olivenöl, Rapsöl, Leinöl und ungehärtetes Kokosfett. Wichtig sind frische Kräuter

jeden Tag, frische Aufstriche und täglich eine Avocado. Und ein gutes Salz ist sehr wichtig, ich empfehle Ursteinsalz oder Himalayasalz. Ich bevorzuge Gemüse als Hauptnahrungsmittel. Wenn man allerdings weiß, dass man körperlich etwas leisten muss, dann sollte durch gekochtes Getreide ergänzt werden wie Hirse, Quinoa oder Amaranth. Ich ergänze meine Nahrung täglich durch die Spirulinaalge, denn sie enthält ein wunderbares Vitalstoffspektrum und wertvolle Aminosäuren.

2- Was war für Sie der Auslöser, sich mit Ernährung zu beschäftigen und sich dann für die vegane Kost zu entscheiden?
Ich habe mich schlecht gefühlt, schon als ich 12 Jahre alt war. Ich hatte dauernd Bauchweh und geschwollene Lymphknoten am ganzen Körper. Arztbesuche ergaben keine Ursache und so bekam ich jede Woche ein Antibiotikum. Der Besuch bei einem Heilpraktiker war fast der letzte Versuch und die letzte Hoffnung meiner Mutter. Ergebnis: Ich sollte keine Milchprodukte zu mir nehmen, da die mich verschleimen würden. Und in meiner Not ließ ich die eben weg. Mit dem Ergebnis, dass es mir zusehends besser ging. Fleisch aß ich zu dem Zeitpunkt noch, doch nach und nach ließ das Verlangen darauf nach.

3- Der Weg zur veganen Ernährung führt oft über eine zunächst vegetarische Ernährungsweise. Wie war das bei Ihnen?
Der einzige Grund, mich neu zu orientieren, waren meine gesundheitlichen Probleme. Zu Beginn ließ ich einfach Milch und Milchprodukte weg und fast nebenbei ließ mein Verlangen nach Fleisch nach. Seitdem ich rein vegan lebe, habe ich auch keinen Appetit mehr auf Süßes. Ich glaube, die Geschmacksnerven verändern sich. Wenn ich mal essen gehe, dann schmeckt mir vieles viel zu sauer oder auch zu salzig. Es ist zu übertrieben gewürzt.

4- Studien belegen, dass fleischlose Kost gesundheitsförderlich ist. Dennoch wird dem Veganer oft unterstellt, weniger leistungsfähig zu sein.

Also von mir kann ich das nicht sagen. Ich gehe fast jeden Abend 2 Stunden ins Fitnessstudio und mache Gerätetraining, denn tagsüber in meinem Geschäft kann ich Sport nicht ausüben. Ich stehe jeden Tag um sechs Uhr auf. Ich mache den Haushalt, den Garten, kümmere mich um die Versorgung meines Vaters. Mittags fahre ich nach Hause und koche frisch. Ich habe Hobbys wie Laufen, meinen Sport im Studio und das Rennradfahren. Ja, manchmal habe ich abends keine Lust noch auf Sport. Aber wenn ich dann erstmal anfange, komme ich schnell wieder in Gang. Vermutlich, weil ich weniger übersäuert bin und so der Stoffwechsel weniger überlastet ist.

5- Sie betreiben aktiv Sport. Wie decken Sie den erhöhten Bedarf an Vitalstoffen?

Ich mache mir gar nicht so viele Gedanken. Die Schwächung und Krankheiten schon in früher Kindheit haben sicher Spuren hinterlassen, doch durch die gesunde vegane Kost fühle ich mich ausgesprochen leistungsfähig und wohl. Die Spirulinaalge nehme ich täglich und wenn ich vor großen Leistungen stehe, dann nehme ich L-Carnitin als Ergänzung ein. Aber nur, wenn ich das Gefühl habe, dass ich noch etwas mehr Leistungsfähigkeit brauche. Täglich trinke ich meinen Reisdrink und mache mir frische Smoothies aus Kräutern oder Roter Bete mit gutem Quellwasser und etwas Kelpalge für den Jodbedarf.

6- Sie machen Touren auf dem Rad, stehen den ganzen Tag in ihrem Reformgeschäft für die Fragen der Kunden zur Verfügung, machen Ernährungsberatung und erstellen auf Wunsch vegane Kostpläne. Was ist Ihr Geheimnis?

Ich esse viel frisches Bio-Gemüse, täglich Kräuter, Nüsse, Samen und wertvolle Öle. Wer Soja verträgt, kann es zur Sicherung des Eiweißbedarfes einsetzen. Die Spirulinaalge liefert wichtige Eiweißbausteine und dann ist neben der Nahrung auch die Einstellung entscheidend für das Wohlbefinden. Wenn jeder mit sich selbst bewusst umgeht und auch liebevoll mit der Umwelt und den Mitmenschen, dann kehrt Entspannung ein. Man sollte immer erst schauen, was man selber will und zur eigenen Mitte finden. Dann stellt sich die Lebensfreude wie von selbst ein.

7- Die Versorgung mit Eiweiß kann bei veganer Kost zum Problem werden. Wie gehen Sie damit um?

Ich finde, dass Eiweiß viel zu hoch bewertet wird. Und an den ganzen Eiweißdiäten, die die Kohlenhydrate verteufeln, sieht man ja auch die Folgeprobleme. Besonders bei Menschen mit Lymphproblemen. Wer allerdings Soja gut verträgt, der kann es zur Sicherung der Versorgung einsetzen. Aber auch Lupinenprodukte, Hülsenfrüchte, Nüsse und viele andere Lebensmittel enthalten Eiweiß, wie ja auch in der Übersicht deutlich geworden ist. Wer sich Sorgen um die Bedarfsdeckung machen muss, der kann mit einem veganen Eiweißpräparat einfach ergänzen.

8- Sie haben langjährige Erfahrungen durch ihre eigene vegane Ernährungsweise und als langjährige Reformhausbetreiberin. Welchen Tipp würden Sie den Lesern dieses Buches geben?

Gehen Sie mit den Lebensmitteln bewusst um, denn sie sind ein Genuss. Machen Sie aus dem Essen ein Ritual, auch wenn nicht immer viel freie Zeit zur Verfügung steht. Sein Sie dankbar und auch diszipliniert im Leben und fühlen Sie in sich hinein, was ihnen gut tut. Seien Sie sich bewusst, was Sie sich Gutes tun. Wenn ich einen Bio-Gemüsestand sehe, dann freue ich mich einfach. Ich finde es fantastisch, dass diese schönen Sachen für uns gewachsen sind und ich sie kaufen und verzehren kann.

Ich bedanke mich herzlich für das ehrliche, offene und mutmachende Gespräch, in dem Sie einige Verunsicherungen glaubhaft widerlegen konnten.

Frühstück und Snacks

Bananenflakes mit Sojayogurt

Für 4 Portionen:

3 Bananen
10 EL getrocknete Bananenchips
4 EL Leinsamen, geschrotet
125 g Dinkel-Knuspermüsli
500 g Sojayogurt
3 EL Ahornsirup

So geht's:

1 Die Bananen in Scheiben schneiden und in vier Müslischalen geben. Die Bananenchips etwas zerdrücken und zufügen. Den Leinsamen und das Dinkel-Knuspermüsli darauf verteilen.

2 Den Sojayogurt und den Ahornsirup in die Müslischalen geben und alles vermischen.

Zubereitung: 10 Minuten

TIPP: Variieren und nehmen Sie ein anderes Knuspermüsli, geschrotetes Getreide oder knusprige Haferflocken. Auch getrocknete Aprikosen und Kürbiskerne sind lecker anstelle der Bananenchips.

Erdbeer-Nusscrunchy mit Sojayogurt

Für 4 Portionen:

2 EL Sojamargarine
3 EL Agavendicksaft
50 g Mandelblättchen
200 g knusprige Soja-Flocken (die gedämpften und zu Flocken gewalzten Sojabohnen sind sanft geröstet, verleihen einen leicht nussigen Geschmack und liefern eine Extra-Portion Eiweiß)
1 TL Zimt
250 g Erdbeeren
500 g Sojayogurt
1–2 EL Rohrzucker

So geht's:

1 Zunächst für das Crunchy die Margarine in einer Pfanne schmelzen lassen. Den Agavendicksaft einrühren und mit erhitzen. Die Mandelblättchen, die knusprigen Soja-Flocken und den Zimt zugeben und unter Rühren erhitzen. Sobald die erste Flocke eine goldbraune Farbe angenommen hat, das Crunchy auf ein Backblech schütten und zum Auskühlen etwas verteilen.

2 Die Erdbeeren in Würfel schneiden. Den Sojayogurt mit dem Rohrzucker mischen und mit dem Schneebesen cremig aufschlagen.

3 Den Sojayogurt, die Erdbeeren und das Crunchy in 4 Schalen einschichten.

Zubereitung: 30 Minuten

TIPP: Crunchy ist gut vorzubereiten und wird zum Aufbewahren im geschlossenen Gefäß aufbewahrt. Variieren Sie! Ersetzen Sie die Mandelbättchen durch Haselnüsse oder Pinienkerne. Natürlich können Sie für dieses Frühstück auch anderes Obst verwenden. Besonders fruchtig-frisch schmeckt es mit Mango oder Ananas.

Erdbeer-Nusscrunchy mit Sojayogurt

Mango-Lassi

Zutaten für 4 Portionen:

6 EL Mangopüree (aus dem Glas)
½ TL Kardamon, in der Schale gemahlen
500 g Sojayogurt
4 Tropfen Rosenwasser

So geht's:

1 Das Mangopüree zusammen mit dem Kardamom und dem Sojayogurt in einen Mixer geben. 250 ml kaltes Wasser zufügen und auf höchster Stufe verquirlen, bis keine Klümpchen mehr drin sind.

2 Das Mango-Lassi in vier hohe Gläser gießen und mit etwas Rosenwasser nach Belieben aromatisieren.

Zubereitung: 5 Minuten

TIPP: Dieses ayurvedische Getränk wirkt sehr harmonisierend und appetitanregend. Es stärkt die Verdauungstätigkeit und normalisiert die Darmflora. Die Basis ist halb Sojayogurt und halb Wasser. Außer mit Mango können Sie es auch mit frischer Minze und etwas Salz pikant zubereiten oder mit Ingwer und Pfeffer aromatisieren. Wer keinen Mixer hat, der schlägt die Flüssigkeit so lange mit dem Schneebesen auf, bis keine Klümpchen mehr da sind und das Lassi schaumig wird.

Grüner Smoothie

Für 4 Gläser:

1 Babyananas
2 reife Bananen
½ Kopfsalat (z. B. Lollo Biondo, Römersalat oder Rucola)
250 g Sojayogurt
300 ml Mineralwasser ohne Kohlensäure, gekühlt

So geht's:

1 Die Ananas vierteln, schälen und den inneren harten Strunk herausschneiden. Das Fruchtfleisch grob würfeln und anschließend in einen Mixbecher geben.

2 Die Bananen schälen, durchbrechen und zur Ananas geben. Den Salat kurz abspülen, grob zerteilen und ebenfalls zu den Früchten in den Mixbecher geben.

3 Vorbereitete Zutaten und den Sojayogurt im Mixer pürieren. Mit dem gekühlten Mineralwasser auffüllen.

Zubereitung: 10 Minuten

Grüner Smoothie

Apfel-Cranberry-Müsli

Für 4 Portionen:
500 g Sojayogurt
10 EL knusprige Soja-Flocken (die gedämpften und zu Flocken gewalzten Sojabohnen sind sanft geröstet, verleihen nussigen Geschmack und liefern eine Extra-Portion Eiweiß)
6 EL Haselnussblättchen
3 rotschalige Äpfel
Saft von 2 Orangen
8 EL Cranberries
2 EL Ahornsirup
6 EL Tsampa (geröstete, gemahlene Gerste, liefert zusätzliche Ballaststoffe und ein besonderes Aroma)

So geht's:
1   Den Sojayogurt mit den Sojaflocken und den Haselnussblättchen verrühren und über Nacht abgedeckt im Kühlschrank durchziehen lassen.

2   Am Morgen die Äpfel grob raspeln und zusammen mit dem Orangensaft, den Cranberries und dem Ahornsirup unterheben. Mit Tsampa bestreuen.

Zubereitung: 10 Minuten
Quellzeit: 12 Stunden

Johannisbeer-Fruchtmix-Konfitüre

Zutaten für 4 Gläser à ca. 450 ml:
350 g rote Johannisbeeren
1 kleiner Apfel (200 g)
1 gelbe Kiwi
1 Nektarine (300 g)
100 g Sojasprossen
10 Physalis
1000 g Gelierzucker 1:1
3 EL Sojasoße

So geht's:
1   Die Johannisbeeren abspülen und die Beeren von den Stielen abstreifen. Den Apfel und die Kiwi schälen und vierteln. Die Nektarine würfeln. Die Sprossen einmal halbieren. Alles zusammen mit den Physalis in einen hohen Kochtopf geben und mit dem Schneidstab grob pürieren.

2   Den Gelierzucker und die Sojasoße zufügen. Alles zum Kochen bringen und unter Rühren etwa 5 Minuten sprudelnd kochen lassen. Die Gelierprobe machen.

3   Marmeladengläser heiß auswaschen, die Johannisbeer-Fruchtmix-Konfitüre einfüllen. Den Deckel schließen und die Gläser einmal kurz auf den Kopf stellen. Dann zurückstellen und vollständig auskühlen lassen.

Zubereitung: 40 Minuten

Johannisbeer-Fruchtmix-Konfitüre

Johannisbeer-Melonen-Cocktail

Für 4 Portionen:
200 g schwarze Johannisbeeren
½ Cantalupe-Melone
4 EL Rohrzucker
250 ml Birnensaft
200–300 ml Mineralwasser medium, gekühlt

So geht's:

1 Die schwarzen Johannisbeeren ca. 30 Minuten in den Tiefkühler stellen.

2 Die Melone in Würfel schneiden und in den Mixer geben. Den Rohrzucker darüberstreuen, die gefrorenen Johannisbeeren zugeben und alles grob pürieren.

3 Den Birnensaft zugeben und vermixen. Den Cocktail in vier Gläser füllen und mit eisgekühltem Mineralwasser auffüllen.

Zubereitung: 10 Minuten
Gefrierzeit: 30 Minuten

Birnen-Kokos-Shake

Für 4 Portionen:
2 reife Birnen
2 EL Kokosflocken
4–6 Eiswürfel
150 ml Kokosmilch
500 g Sojayogurt
1–2 TL Rohrzucker
Minzeblättchen zum Garnieren

So geht's:

1 Die Birnen schälen, entkernen und das Fruchtfleisch würfeln. Mit den Kokosflocken und den Eiswürfeln in einen Mixer geben und grob vermixen.

2 Die Kokosmilch, den Sojayogurt und den Rohrzucker zugeben und alles mixen. In Gläser füllen und eiskalt servieren. Mit einem Minzeblatt nach Belieben garnieren.

Zubereitung: 10 Minuten

TIPP: Bei Kokosmilch gibt es große Qualitätsunterschiede, schauen Sie auf die Verpackung! Besonders natürlich und aromatisch ist Kokosmilch, selbst gemacht aus Kokoscreme – 100 % Kokosnuss ohne Zusatzstoffe aus dem Reformhaus.

Kräuter-Knoblauch-Aufstrich

Für etwa 500 g:
4 Knoblauchzehen
350 g Sojamargarine
3 Stiele glatte Petersilie
125 ml Sojacreme (zum Kochen)
3 TL Kräutergewürzsalz
2–3 TL Zitronensaft

So geht's:
1 Den Knoblauch fein hacken und in 3 TL Sojamargarine andünsten. Die Petersilie grob hacken.

2 Die restliche Margarine, die Sojacreme, das Kräutergewürzsalz, den Zitronensaft und den angedünsteten Knoblauch mischen und mit Salz und Pfeffer abschmecken. Verschlossen im Kühlschrank aufbewahrt ist der Aufstrich etwa 1 Woche haltbar.

Zubereitung: 15 Minuten

Oliven-Sprossen-Paste

Für 4 Portionen:
2 Knoblauchzehen
100 ml Olivenöl (z. B. aus Kalamata)
300 g schwarze Oliven ohne Stein
5 getrocknete Tomaten in Öl
1 EL Kapern
1 EL eingelegter grüner Pfeffer
100 g Sojasprossen
2 EL Wurzelkraft, fruchtig
1 EL Sambal Oelek
abgeriebene Schale und Saft von 2 Zitronen
einige Blätter Römersalat
1 knuspriges Baguettebrot

So geht's:
1 Die Knoblauchzehen in Scheiben schneiden und in 1 EL Olivenöl goldgelb andünsten. Die Oliven in Scheiben schneiden, die getrockneten Tomaten hacken. Beides zum Knoblauch geben und unter Rühren mitdünsten. Die Kapern und den grünen Pfeffer zufügen und kurz mitgaren.

2 Die Sojasprossen durchhacken und mit dem restlichen Olivenöl zu den Oliven geben. Wurzelkraft, Sambal Oelek, Zitronenschale und Saft zufügen, unterrühren und kurz köcheln lassen. Dann mit dem Schneidstab pürieren. Nochmals köcheln lassen, bis sich eine leicht sämige Konsistenz ergibt.

3 Zum Servieren die Salatblätter auf einer Platte anrichten und die Oliven-Sprossen-Paste in Portionen darauf geben. Das Baguette in Scheiben schneiden, rösten und ebenfalls auf die Salatblätter legen. Oder auch die Tapenade auf die gerösteten Baguettescheiben streichen und dann auf dem Salat anrichten.

Zubereitung: 25 Minuten

Kräuter-Minze-Aufstrich

Für etwa 500 g:
1 Knoblauchzehe
3 Schalotten
1 TL Sojaöl
250 g Sojamargarine
100 g Rucola
2 Stangen Staudensellerie
1 Stiele Pfefferminze
2 Stiele Basilikum
½ Bund Schnittlauch
125 ml Sojacreme (zum Kochen)
½ TL Salz
Pfeffer
1 TL Curry

So geht's:
1 Den Knoblauch und die Schalotten würfeln und im Sojaöl glasig andünsten. Die Sojamargarine zugeben und schmelzen lassen.

2 Rucola klein zupfen. Die Selleriestangen klein schneiden. Die Minzeblättchen, Basilikum und Schnittlauch etwas klein schneiden, alles zufügen und anschließend mit dem Schneidstab pürieren.

3 Die Sojacreme zufügen und mit dem Schneebesen unterschlagen. Mit Salz, Pfeffer und Curry abschmecken, in Schälchen füllen und erkalten lassen. Schmeckt als Aufstrich und auch gut zu Grillspeisen. Der Aufstrich ist gekühlt ca. 1 Woche haltbar.

Zubereitung: 20 Minuten

TIPP: Der Aufstrich lässt sich gut portionsweise einfrieren, so haben Sie immer frischen parat. Noch warm und cremig in kleine Behältnisse füllen und fest verschließen. Oder aber in eine Eiswürfelform geben. Dann können Sie auch Einzelportionen entnehmen und damit Pfannengerichte oder Suppen schnell und einfach aromatisieren.

Kräuter-Minze-Aufstrich

Möhren-Rettich-Aufstrich

Für etwa 500 g:
3 Möhren
2 Schalotten
3 TL Sojaöl
70 g Tomatenmark
250 g weiche Sojamargarine
2 TL geriebener Meerrettich
(frisch oder aus dem Glas)
Salz, Pfeffer
3 TL Hanfsamen, geschält (verleihen ein besonders nussiges Aroma und versorgen mit wertvollen ungesättigten Fettsäuren, Vitamin E und Eiweiß)
3 TL Enzym-Fermentgetreide (liefert Ballaststoffe und sichert die Versorgung mit Vitamin B12 und Folsäure sowie Mineralstoffen, u. a. Calcium und Magnesium)
1 Beet Kresse

So geht's:
1 Die Möhren reiben und ausdrücken. Den Möhrensaft abtropfen lassen und separat für später aufbewahren.

2 Die Schalotten würfeln und in dem Sojaöl andünsten. Das Tomatenmark zugeben und mit anrösten. Die Möhren zufügen und 2–3 Minuten mitdünsten.

3 Die Margarine, den Meerrettich und den Möhrensaft unterrühren und mit Salz, Pfeffer, Hanfsamen und Enzym-Fermentgetreide würzen. Die Kresse ganz zum Schluss mit einer Schere vom Beet abschneiden und unterheben. Eventuell etwas als Garnierung über den Möhren-Rettich-Aufstrich streuen.

Zubereitung: 20 Minuten

Auberginenmus

Für 10 Portionen:

2 kleine Auberginen
2 Knoblauchzehen
1 Bund glatte Petersilie
1 Zitrone
50 ml Sojaöl
2 EL Soja-Flocken, zart (sie sind schnell löslich, bringen so ein Mehr an essenziellen Fettsäuren und verbessern das Aminosäurespektrum der Mahlzeit)
3 TL Hanfsamen, geschält (verleihen ein besonders nussiges Aroma und versorgen mit wertvollen ungesättigten Fettsäuren, Vitamin E und Eiweiß)
Salz
Pfeffer
¼ TL Kreuzkümmel, gemahlen
¼ TL Bockshornklee, gemahlen

So geht's:

1   Die Auberginen mit einer Gabel mehrfach einstechen und auf ein Backblech legen. Auf der mittleren Einschubleiste bei 180 °C etwa 25 Minuten garen.

2   Die Knoblauchzehen und die Petersilie fein hacken. Die Zitronenschale abreiben und den Saft auspressen.

3   Die gegarten Auberginen schälen und sehr fein hacken oder pürieren. Mit dem Sojaöl, dem Zitronensaft, dem Knoblauch, der Petersilie, den Soja-Flocken und den Hanfsamen verrühren. Mit Salz, Pfeffer, Kreuzkümmel und Bockshornklee abschmecken. Das Mus einige Stunden im Kühlschrank durchziehen lassen. Schmeckt gut auf Brot, als Beilage zu Gegrilltem oder zu Falafel-Bällchen (siehe Seite 58).

Zubereitung: 15 Minuten
Backzeit: 25 Minuten

TIPP: Außergewöhnlich und besonders interessant schmeckt Auberginenmus süßlich variiert. Lassen Sie dazu 1–2 EL Rohrzucker in einer Pfanne karamellisieren und geben Sie dann eine in kleine Würfel geschnittene Aubergine hinzu. Unter Rühren anbraten. Mit Salz, Pfeffer und Zitronensaft abschmecken und abschließend im Mixer pürieren.

Minze-Dip

Für 4 Portionen:
1 kleine Salatgurke
Salz
1 Handvoll Pfefferminze
250 g Sojayogurt
Pfeffer

So geht's:

1 Die Gurke gründlich waschen. Längs halbieren und mit einem Esslöffel die Kerne herausschaben. Die Gurke in dünne Scheiben oder Streifen hobeln. Mit 1 TL Salz bestreuen und 10 Minuten durchziehen lassen.

2 Das entstandene Wasser der Gurke abgießen. Die Minze sehr fein hacken und zugeben. Den Sojayogurt unterrühren und mit Salz und Pfeffer abschmecken.

Zubereitung: 25 Minuten

TIPP: Der erfrischende Minze-Dip schmeckt gut zu Bratlingen, Grillspießen, Kartoffelgerichten und frittiertem Gemüse. Mögen Sie lieber eine etwas cremigere Konsistenz, dann rühren Sie zum Schluss 125 ml Sojacreme (zum Kochen) unter. Statt frischer Minze können Sie auch 1–2 TL getrocknete Minzeblätter unterheben und mit Zitronensaft abschmecken.

Avocado-Creme

Für 4 Portionen:
1 reife Avocado, nicht zu weich
2 Flaschentomaten
1 Zwiebel
2–3 Stiele Koriander
Salz
Pfeffer
Saft von ½ Limette

So wird's gemacht:

1 Die Avocado längs halbieren und den Kern herauslösen. Mithilfe eines Löffels das Fruchtfleisch aus der Schale lösen und dann mit einer Gabel zerrühren.

2 Die Fleischtomaten fein würfeln. Die Zwiebel grob hacken. Die Korianderblättchen ebenfalls grob hacken.

3 Die Tomaten- und Zwiebelwürfel sowie den Koriander mit der Avocado mischen. Mit Salz, Pfeffer und einigen Tropfen Limettensaft (nicht zu viel!) abschmecken.

Zubereitung: 15 Minuten

TIPP: Damit die Avocado-Creme nicht braun wird, geben Sie erst den Avocadokern in die Schüssel und die angerührte Creme darüber. Dann bleibt die kräftig-grüne Farbe der Avocado erhalten.

Tomaten-Soja-Aufstrich mit Oregano

Für etwa 500 g:
1 große Zwiebel
1 EL Sojaöl
70 g Tomatenmark
250 g weiche Sojamargarine
3 TL Kräutergewürzsalz
2 TL Oregano
125 ml Sojacreme (zum Kochen)
frischen Oregano zum Garnieren

So geht's:
1 Die Zwiebel würfeln und im Öl bei kleiner Hitze glasig andünsten. Das Tomatenmark zugeben und mit anrösten.

2 Die Sojamargarine zufügen, mit Kräutergewürzsalz und Oregano abschmecken und schmelzen lassen. Die Sojacreme zugeben und mit dem Schneebesen kräftig aufschlagen. In Schälchen füllen und erkalten lassen. Zum Servieren mit frischem Oregano garnieren.

Zubereitung: 15 Minuten

TIPP: Der Aufstrich ist gekühlt etwa 1 Woche haltbar. Er schmeckt gut als Brotaufstrich, passt auch zu Gegrilltem und gibt als Würze zu Pfannengerichten oder Getreidebeilagen ein besonderes Aroma.

Curry-Kräuter-Aufstrich

Für etwa 500 g:
3 Schalotten
350 g Sojamargarine
8 Stiele Basilikum
5 Curryblätter (alternativ: ½ Bund Schnittlauch + einige Korianderblättchen)
125 ml Sojacreme (zum Kochen)
2 TL Salz
1 TL Curry
3 TL Zitronensaft

So geht's:
1 Die Schalotten fein hacken und in 3 TL Sojamargarine goldgelb andünsten. Die Basilikumblätter und die Curryblätter in Streifen schneiden.

2 Die restliche Margarine, die Sojacreme, Salz, Curry, den Zitronensaft und die angedünsteten Schalotten sowie die Basilikum- und Curryblätter in den Mixer geben und pürieren. Verschlossen im Kühlschrank aufbewahrt ist der Aufstrich etwa 1 Woche haltbar.

Zubereitung: 15 Minuten

Tomaten-Soja-Aufstrich mit Oregano (vorne)
Curry-Kräuter-Aufstrich (hinten)

Würziges Tomaten-Brot mit Lauch

Für 4 Portionen:
4 Scheiben Bauernbrot
6 EL Remoulade ohne Ei
4 TL Enzym-Fermentgetreide (liefert Ballaststoffe und sichert die Versorgung mit Vitamin B12 und Folsäure sowie Mineralstoffen, u. a. Calcium und Magnesium)
200 g Tofu-Rosso
2 große Tomaten
2 Lauchzwiebeln
Kräutersalz
Pfeffer

So geht's:

1   Die Brotscheiben mit der Remoulade bestreichen und mit dem Enzym-Fermentgetreide bestreuen.

2   Den Tofu und die Tomaten in dünne Scheiben schneiden und auf die Brotscheiben legen. Die Lauchzwiebel in Ringe schneiden und darüberstreuen. Mit Kräuteralz und Pfeffer bestreuen.

Zubereitung: 10 Minuten

Gurkenbrot mit Sprossen

Für 4 Portionen:
4 Scheiben Roggenvollkornbrot
8 TL Tomaten-Soja-Aufstrich mit Oregano (siehe Seite 52)
½ Salatgurke
8 EL Radieschensprossen
4 TL Hanfsamen, geschält (verleihen ein besonders nussiges Aroma und versorgen mit wertvollen ungesättigten Fettsäuren, Vitamin E und Eiweiß)
3 TL Kürbiskernöl
Kräutersalz
Pfeffer

So geht's:

1   Die Brotscheiben mit dem Tomaten-Soja-Aufstrich bestreichen. Die Gurke gründlich waschen, in feine Scheiben schneiden und darauflegen.

2   Die Radieschensprossen und die Hanfsamen auf die Gurke streuen und mit dem Kürbiskernöl beträufeln. Mit Salz und Pfeffer nach Geschmack würzen.

Zubereitung: 5 Minuten

TIPP: Probieren Sie auch einmal eine andere Sprossensorte für dieses erfrischende Frühstücksbrot. Schnell ergibt sich so eine ganz neue Geschmacksvariante!

Vollkornschnitte mit Möhren und Kräutern

4 große Scheiben Roggenvollkornbrot
8 EL Kräuter-Knoblauch-Aufstrich
(von Seite 47)
3 TL Wurzelkraft, würzig (enthält Mandeln, Lupine, Blütenpollen und Kräuter, unterstützt die Versorgung mit Ballaststoffen, Aminosäuren und wirkt basisch)
einige Blätter Lollo Rosso
2 große Möhren
Salz
Pfeffer
½ Bund Petersilie
2 EL Sonnenblumenkerne

So geht's:

1   Die Brotscheiben gleichmäßig mit dem Kräuter-Knoblauch-Aufstrich bestreichen und das Wurzelkraft daraufstreuen. Die Salatblätter eventuell etwas klein zupfen und darauflegen.

2   Die Möhren grob raspeln und darauf verteilen. Mit Salz und Pfeffer würzen. Die Petersilie hacken und daraufstreuen. Die Sonnenblumenkerne darüberstreuen.

Zubereitung: 10 Minuten

Tomaten mit Tofu und Koriander

Für 4 Portionen:
4 Flaschentomaten
1 Zwiebel
1 Handvoll Koriander
1 kleine rote Chilischote
200 g Natur-Tofu
Salz
Pfeffer
Saft von 1 Limette

So geht's:

1   Die Tomaten, die Zwiebel, den Koriander, die Chilischote und den Natur-Tofu in feine Würfel schneiden und in eine Schüssel geben und vermischen.

2   Mit Salz, Pfeffer und ein paar Tropfen Limettensaft abschmecken. Dazu passt knuspriges Bauernbrot.

Zubereitung: 10 Minuten

TIPP: Wenn es zu scharf geworden ist, kann man ein bisschen Olivenöl dazutun. Das mildert!

Basilikum-Pesto

Für 4 Portionen:
100 g Pinienkerne
4 Knoblauchzehen
1 Töpfchen Basilikum
100 g Vegi-Cheese
125 ml Olivenöl (z. B. aus Kalamata)
Salz
Pfeffer
abgeriebene Schale und Saft von ½ Zitrone

So geht's:

1 Die Pinienkerne in einer Pfanne ohne Fettzugabe goldbraun rösten. Den Knoblauch pellen. Die Basilikumblättchen von den Stielen abzupfen und den Vegi-Cheese grob klein schneiden. Alles in den Mixer geben und fein pürieren.

2 Das Olivenöl nach und nach zufügen und untermixen. Mit Salz, Pfeffer, Zitronensaft und -schale abschmecken.

Zubereitung: 15 Minuten

Tipp: Pesto ist ein idealer Begleiter von Nudeln. Einfach Spaghetti kochen, mit dem Pesto vermischen und mit frisch gemahlenem Pfeffer bestreut servieren. Als Variation können Sie auch 2–3 Cocktailtomaten pro Portion in einer Pfanne etwa 2 Minuten dünsten und mit dem Pesto unter die abgetropften Nudeln heben. Unser Pesto eignet sich auch sehr gut zum Verfeinern von Salaten, Soßen und Suppen.

Avocado-Soja-Dip

Für 4 Personen:
2 Avocados
Saft von 1 Zitrone
10 Radieschen
3 Lauchzwiebeln
100 g Majonäse
Salz
½ TL Koriander, gemahlen
Zitronen-Pfeffer

So geht's:

1 Die Avocados halbieren, den Kern entfernen und das Fruchtfleisch mit einem Löffel aus der Schale herausheben. In eine Schale geben und sofort mit dem Zitronensaft gleichmäßig beträufeln.

2 Die Radieschen in Scheiben schneiden und die Lauchzwiebeln in Ringe schneiden.

3 Die Avocados pürieren und die Majonäse unterrühren. Mit Salz, Koriander und Zitronen-Pfeffer würzen und dann die Radieschen und die Lauchzwiebeln unterrühren. Schmeckt lecker als Dip und auch als pikanter Brotaufstrich beispielsweise zum Knusperknäcke (siehe Seite 230).

Zubereitung: 15 Minuten

Avocado-Soja-Dip

Falafel mit Kräutercreme

Für 4 Portionen:

50 g grüne Schälerbsen
50 g gelbe Sojabohnen
30 g Buchweizenmehl
1 TL Koriander, gemahlen
2 TL Kreuzkümmel, gemahlen
1 ½ TL Bockshornklee, gemahlen
¾ TL Salz
2 TL Wurzelkraft, würzig (enthält Mandeln, Lupine, Blütenpollen und Kräuter, unterstützt die Versorgung mit Ballaststoffen, Aminosäuren und wirkt basisch)
½ Salatgurke
je 6 Zweige Pfefferminze und Zitronenmelisse
250 g Sojayogurt
Pfeffer
500 g Kokosfett zum Frittieren

So geht's:

1 Die grünen Schälerbsen und die gelben Sojabohnen in eine Schüssel geben und mit 300 ml Wasser übergießen. Über Nacht einweichen lassen. Zum Abtropfen in ein Sieb geben und anschließend pürieren.

2 Das Buchweizenmehl, Koriander, Kreuzkümmel, Bockshornklee, Salz und Wurzelkraft unterrühren.

3 Für den Dip die Gurke gründlich waschen, längs halbieren und die Kerne herauslöffeln. Die Gurke raspeln, mit Salz bestreuen und ziehen lassen. Entstehende Flüssigkeit abgießen. Die Kräuterblättchen in Streifen scheiden. Zusammen mit dem Sojayogurt unter die Gurke heben und pfeffern.

4 Das Kokosfett in einem kleinen Topf erhitzen. Aus der Erbsenmasse kleine Bällchen abstechen und mit nur leicht angefeuchteten Händen zu Kugeln formen. Dann portionsweise knusprig ausbacken. Mit der Kräutercreme anrichten. Dazu passt ein frischer Tomaten-Gurkensalat.

Zubereitung: 30 Minuten
Einweichzeit: 12 Stunden

Tipp: Zum Frittieren legen Sie idealerweise ein feines Sieb in den Topf mit dem heißen Kokosfett und legen die Bällchen dort hinein. So verbleiben entstehende Brennprodukte im Sieb, können gut entfernt und das Fett öfter wiederverwendet werden. *Das Kokosfett erkalten lassen und im noch flüssigen Zustand durch ein mit Küchenkrepp ausgelegtes Sieb gießen. Dann ist es wieder sehr rein und kann durchaus 6–7 mal wieder zum Frittieren verwendet werden.*

Tofu-Bruschetta

Für 4 Portionen:
500 g Fleischtomaten
5 Stiele Basilikum
50 ml Olivenöl (z. B. aus Kalamata)
3 EL weißen Balsamico-Essig
Salz
Pfeffer
200 g Natur-Tofu
1 Ciabatta-Brot
2 große Knoblauchzehen

So geht's:

1 Die Fleischtomaten halbieren, den Stielansatz herausschneiden und das Fruchtfleisch fein würfeln. Die Basilikumblättchen in feine Streifen schneiden. Mit Tomatenwürfeln, Olivenöl und Balsamico-Essig mischen und kräftig würzen.

2 Den Tofu in dünne Scheiben schneiden. Das Ciabatta in Scheiben schneiden und im Toaster oder Backofen kross rösten. Den Knoblauch abziehen, halbieren und die Brotscheiben damit einreiben.

3 Die Tomatenwürfel auf die Brotscheiben verteilen, Tofuscheiben darauf legen und mit frisch gemahlenem Pfeffer bestreuen.

Zubereitung: 30 Minuten

Avocado-schnittchen

Für 4 Portionen:
2 Avocados
3 Schalotten
Saft von 1 Limette
Salz
Pfeffer
1 Messerspitze Chilipulver
3 EL Olivenöl
2 Stiele Koriander
½ Baguettebrot
Sojacreme

So geht's:

1 Die Avocados halbieren und den Kern entfernen. Das Fruchtfleisch mit einem Löffel aus den Schalen heben, in Scheiben schneiden und auf eine Platte legen.

2 Die Schalotten in feine Würfel schneiden. Mit Limettensaft, Salz, Pfeffer, Chilipulver und dem Öl vermischen. Auf die Avocadoscheiben verteilen und kurz ziehen lassen.

3 Die Korianderblättchen von den Stielen abzupfen und grob hacken.

4 Das Baguettebrot in Scheiben schneiden und knusprig rösten. Mit Sojacreme beträufeln.

5 Die Avocadospalten auf die Brotscheiben verteilen. Schalotten und gehackten Koriander darüber streuen.

Zubereitung: 35 Minuten

Eingelegter Tofu mit Würztomaten

Für 4 Portionen:
8 kleine Cocktailtomaten
1 TL Oregano
Salz
200 g Natur-Tofu
3 Knoblauchzehen
2 Chilischoten
5 Zweige Thymian
6 Blätter Basilikum
6 getrocknete Tomaten
Pfeffer
ca. 250 ml Olivenöl (z. B. aus Kalmata)

So geht's:

1   Die Tomaten an der Oberseite kreuzweise einritzen, mit kochendem Wasser übergießen, häuten. In eine Schüssel geben. Mit Oregano und ½ TL Salz bestreuen. Den Tofu in Würfel schneiden und zugeben.

2   Die Knoblauchzehen häuten, mit einem Messer anquetschen. Chili der Länge nach einritzen. Thymian- und Basilikumblättchen sehr fein hacken. Die getrockneten Tomaten sehr fein würfeln.

3   Die vorbereiteten Zutaten mit den Cocktailtomaten und dem Tofu mischen. In ein verschließbares Glas geben. Mit Salz und Pfeffer würzen und mit dem Olivenöl auffüllen, bis der Tofu gut bedeckt ist.

4   Das Glas verschließen und 3 Tage im Kühlschrank durchziehen lassen. Passt gut zu Salaten und zu Party- oder Grillgerichten.

Zubereitung: 20 Minuten

Gegrillte Zucchinischeiben mit Minzedip

Für 4 Portionen:
125 ml Sojacreme (zum Kochen)
5 EL Majonäse ohne Ei
1 EL Sojaöl
3 Stiele Pfefferminze
¼ TL Kreuzkümmel, gemahlen
Salz
Pfeffer
3 große Zucchini
2 EL Sojaöl

So geht's:

1   Die Sojacreme, die Majonäse und das Sojaöl in einen Mixer geben. Die Minzeblättchen in Streifen schneiden und zufügen. Mit Kreuzkümmel, Salz und Pfeffer würzen und fein pürieren.

2   Die Zucchini der Länge nach in dickere Scheiben schneiden und mit dem Öl bestreichen. Die Zucchinischeiben portionsweise auf dem heißen Grill oder in einer Grillpfanne von beiden Seiten etwa 1 Minute braten. Mit dem Minzedip anrichten.

Zubereitung: 30 Minuten

Gegrillte Zucchinischeiben mit Minzedip

Knusperkroketten

Für 4 Portionen:

500 g Kartoffeln
1 TL Salz
100 g Natur-Tofu
1 Bund glatte Petersilie
¼ TL Pfeffer
½ TL Pfeilwurzelstärke
2 EL Tsampa (geröstete, gemahlene
   Gerste, liefert zusätzliche Ballaststoffe und ein besonderes Aroma)
50–100 g feines Paniermehl
500 g Kokosfett zum Frittieren

So geht's:

1 Die Kartoffeln schälen, 20 Minuten kochen und sofort durch eine Kartoffelpresse
drücken. Oder die Kartoffeln etwas abkühlen lassen und auf der Reibe grob raspeln.
Mit dem Salz vermengen und den Kartoffelteig leicht durchkneten.

2 Den Tofu erst in dünne Scheiben und
dann in feine Würfel schneiden. Die Petersilie hacken. Beides mit den Kartoffeln vermengen. Pfeffer, Pfeilwurzelstärke und
Tsampa dabei unterarbeiten.

3 Das Paniermehl in eine Schüssel geben.
Aus dem Kartoffelteig kleine Kroketten formen. In das Paniermehl legen und darin
wenden. Dann nebeneinander auf ein
Küchenbrett legen.

4 Das Kokosfett in einem kleinen Topf
erhitzen und die Kroketten darin portionsweise knusprig goldbraun ausbacken. Zum
Entfetten auf Küchenpapier abtropfen
lassen.

Zubereitung: 50 Minuten

Tipp: Die Kroketten werden in Spanien als
kleiner Snack gereicht. Sie können sie doch
auch als Beilage zu Gemüsegerichten oder
gebratenem Tofu servieren. Wichtig für die
Herstellung ist sehr fein gemahlenes Paniermehl, denn dieses haftet besonders gut an
der Kartoffelfüllung.

Gemüsesticks mit Dip

Für 4 Portionen:
4 Möhren
1 großer Kohlrabi
2 rote Paprikaschoten
½ Salatgurke
½ Staude Stangensellerie
1 kleiner Römersalat
1 TL Senf
1 TL Kräutergewürzsalz
Salz
Pfeffer
1 EL geriebener Meerrettich
   (frisch oder aus dem Glas)
250 g Sojayogurt
6 EL Majonäse ohne Ei

So geht's:

1   Das Gemüse putzen und in 3–5 cm lange Stifte schneiden. Auf den Salatblättern auf einer Platte anrichten.

2   Für den Dip den Senf mit dem Kräutergewürzsalz, etwas Salz, Pfeffer und dem Meerrettich mischen. Den Sojayogurt und die Majonäse unterrühren. Abschmecken und in ein Schälchen füllen. Dann das Gemüse darin dippen. Dazu schmeckt knuspriges Baguette.

Zubereitung: 25 Minuten

Mini-Muffins mit Tofu

Für 15 Stück:
130 g Dinkelmehl (Type 1050)
75 g Maismehl
2 TL Weinstein-Backpulver
½ TL Salz
200 g Vegi-Cheese
1 Töpfchen Basilikum
2 TL Ei-Ersatz
5 EL Olivenöl
500 ml Sojadrink
1 Handvoll Rucola
100 g Natur-Tofu
2 TL Sojaöl
5 EL Majonäse ohne Ei

So geht's:

1   Das Mehl in eine Schüssel sieben. Das Maismehl, das Weinstein-Backpulver und das Salz zufügen. Den Vegi-Cheese reiben, zugeben und alles vermischen.

2   Die Basilikumblättchen in Streifen schneiden. Das Ei-Ersatz mit 2 EL Wasser verschlagen. Zusammen mit dem Olivenöl, dem Sojadrink und den Basilikumblättchen zum Mehl geben und zu einem glatten Teig verkneten.

3   Den Teig in Portionen teilen, etwas flach drücken oder ausrollen und in die Muffinförmchen geben. Auf der mittleren Einschubleiste im Backofen bei 180 °C etwa 20 Minuten backen. Die Muffins vorsichtig aus den Förmchen lösen und auskühlen lassen.

4   In der Zwischenzeit Rucola klein zupfen. Den Tofu in Scheiben schneiden und im heißen Sojaöl kurz von beiden Seiten braten.

5   Die Muffins quer etwas einschneiden. Mit der Majonäse bestreichen und mit Rucola und den gebratenen Tofuscheiben füllen.

Zubereitung: 25 Minuten
Backzeit: 20 Minuten

Suppen und Eintöpfe

Bunter Bohnen-Nudel-Topf

Für 4 Portionen:

je 50 g weiße Riesenbohnen
    und gelbe Sojabohnen
je 50 g grüne und gelbe Schälerbsen
1,2 l Gemüsebrühe
75 g kleine Hörnchen-Nudeln, aus
    Hartweizengrieß ohne Ei
Salz
300 g dicke Bohnen
250 g Schneidebohnen
1 kleine Stange Porree (Lauch)
2 große Möhren
1 Zwiebel
2 EL Sojaöl
3 Stiele Bohnenkraut
Pfeffer
200 g Kräuter-Tofu

So geht's:

1   Bohnen, Sojabohnen und die Schälerbsen in eine große Schüssel geben, mit kochendem Wasser übergießen und abgedeckt über Nacht quellen lassen.

2   Am nächsten Tag die eingeweichten Hülsenfrüchte in einen Durchschlag abgießen. Mit der Brühe zum Kochen bringen und mit geschlossenem Deckel ca. 45 Minuten kochen lassen.

3   Die Hörnchennudeln in reichlich Salzwasser 8–10 Minuten bissfest garen. Anschließend abgießen und abtropfen lassen.

4   Die dicken Bohnen pahlen und die ausgelösten Bohnenkerne abspülen. Die Schneidebohnen in etwa 2 cm lange Stücke schneiden. Den Porree in Ringe und die Möhren in Scheiben schneiden.

5   Die Zwiebel würfeln und im heißen Sojaöl goldgelb andünsten. Den Porree, die Möhren, die Schneidebohnen und die dicken Bohnenkerne zugeben und mit andünsten. Bohnenkraut, die Nudeln und die gekochten Bohnen zusammen mit der Garflüssigkeit zugeben. Mit geschlossenem Deckel etwa 15 Minuten garen.

6   Den Bohnentopf mit Salz und Pfeffer abschmecken. Das Bohnenkraut entfernen. Den Kräuter-Tofu in Streifen schneiden und in den letzten 5 Minuten in dem Bohnen-Nudel-Topf erwärmen.

Zubereitung: 1 ¼ Stunden
Einweichzeit: 12 Stunden

Tomateneintopf mit mariniertem Tofu

Für 4 Portionen:

200 g Natur-Tofu

1 EL getrocknetes Basilikum

2 Knoblauchzehen

7 EL Sojasoße

2 große Kartoffeln

2 Stangen Staudensellerie

1 kleine Zucchini

1 Zwiebel

2 EL Sojaöl

500 g stückige Tomaten

500 ml Tomatensaft

Salz

Pfeffer

1 TL getrockneter Oregano

2–3 EL Enzym-Fermentgetreide (liefert Ballaststoffe und sichert die Versorgung mit Vitamin B12 und Folsäure sowie Mineralstoffen, u. a. Calcium und Magnesium)

5 EL Soja-Flocken, zart (sie sind schnell löslich, bringen so ein Mehr an essenziellen Fettsäuren und verbessern das Aminosäurespektrum der Mahlzeit)

So geht's:

1 Den Tofu in Würfel schneiden und mit Basilikum bestreuen. Den Knoblauch durch die Knoblauchpresse drücken und über den Tofu streuen. 5 EL Sojasoße darauf träufeln und etwa 1 Stunde marinieren lassen.

2 Die Kartoffeln schälen und würfeln. Den Staudensellerie und die Zucchini in gleichmäßige Scheiben schneiden.

3 Die Zwiebel würfeln und in dem Sojaöl andünsten. Die Kartoffeln und den Sellerie zugeben und mit andünsten. Die stückigen Tomaten und den Tomatensaft zufügen und dann zum Kochen bringen.

4 Den Eintopf mit Salz, Pfeffer, Oregano und der restlichen Sojasoße würzen und mit geschlossenem Deckel etwa 20 Minuten bei mittlerer Hitze kochen.

5 Die Zucchinischeiben und den marinierten Tofu nach 10 Minuten in den Tomateneintopf geben. Kurz vorm Servieren das Enzym-Fermentgetreide und die Soja-Flocken einrühren und nochmals kräftig abschmecken.

Zubereitung: 45 Minuten
Marinierzeit: 1 Stunde

TIPP: Die Sojaflocken geben auf einfache Weise eine Extra-Portion an wertvollem Eiweiß. Zusätzlich können Sie auch Kichererbsen oder Bohnenkerne als Eiweiß-Einlage in der Suppe ergänzen.

Grünkohleintopf mit Tofuwürstchen

Für 4 Portionen:

3 große Zwiebeln
2 EL Sojamargarine
750 g Grünkohl, tief gekühlt
800 ml Gemüsebrühe
400 g Kartoffeln
Salz
Pfeffer
4 EL Enzym-Fermentgetreide (liefert
   Ballaststoffe und sichert die Versorgung mit Vitamin B12 und
   Folsäure sowie Mineralstoffen,
   u. a. Calcium und Magnesium)
4 Tofuwürstchen

So geht's:

1 Die Zwiebeln würfeln und in der heißen Sojamargarine unter Rühren goldgelb andünsten. Den Grünkohl in den Topf geben, mit der Gemüsebrühe aufgießen und zum Kochen bringen.

2 Die Kartoffeln schälen, würfeln und zum Grünkohl geben. Kräftig mit Salz und Pfeffer würzen und mit geschlossenem Deckel etwa 30 Minuten garen. Das Enzym-Fermentgetreide zum Schluss unterrühren.

3 Die Tofuwürstchen in einer beschichteten Pfanne von allen Seiten knusprig braten und anschließend in der Suppe kurz miterwärmen.

Zubereitungszeit: 45 Minuten

TIPP: Grünkohl hat von allen Gemüsearten den höchsten Anteil an Calcium. Auch Sojabohnen, in diesem Rezept als Tofuwürstchen, enthalten viel dieses wichtigen Mineralstoffes. Ebenso steckt reichlich davon in Kräutern, Nüssen und Saaten. Calcium ist wichtig für Knochen, Haut und Haare. Die Aufnahme im Körper wird durch das Vitamin D verbessert – also ruhig mal draußen in der Mittagsonne die Mahlzeit einnehmen und anschließend einen Verdauungsspaziergang machen.

Topinambur-Cremesuppe mit Pilzeinlage

Für 4 Portionen:
800 g Topinambur
2 EL Sojaöl
½ TL Koriander
¼ TL Anis
500 ml Gemüsebrühe
125 ml Sojacreme (zum Kochen)
Salz
Pfeffer
Saft von ½ Zitrone
geriebene Muskatnuss
100 g große Champignons
    oder Shiitake-Pilze
3 Stiele glatte Petersilie

So geht's:
1 Die Topinambur gründlich abbürsten, waschen und in reichlich kochendes Wasser geben. Etwa 8–10 Minuten garen.

2 Die Topinambur schälen und klein schneiden. In 1 EL Sojaöl andünsten. Koriander und Anis überstreuen. Die Brühe angießen und mit geschlossenem Deckel etwa 15 Minuten köcheln lassen.

3 Die Topinambur mit einem Kartoffelstampfer zermusen. Die Sojacreme einrühren und mit Salz, Pfeffer, Zitronensaft und Muskatnuss abschmecken.

4 Die Champignons oder die Shiitake-Pilze in Scheiben schneiden. Im restlichen Sojaöl kross braten. Die Petersilie hacken.

5 Die Topinambur-Cremesuppe in Teller füllen und die gebratenen Pilze und die gehackte Petersilie daraufgeben.

Zubereitung: 35 Minuten

Tomaten-Paprika-Cremesuppe

Für 4 Portionen:
1 Zwiebel
2 Knoblauchzehen
2 TL Sojaöl
3 EL Paprikamark
1 große rote Paprikaschote
500 g Fleischtomaten
2 TL Kräutergewürzsalz
2 TL Organo
6 EL Soja-Flocken, zart (sie sind schnell löslich, bringen ein Mehr an essenziellen Fettsäuren und verbessern das Aminosäurespektrum der Mahlzeit)
500 ml Gemüsebrühe
100 ml Birnensaft
½ Bund glatte Petersilie
125 ml Sojacreme (zum Kochen)

So geht's:
1 Die Zwiebel und den Knoblauch würfeln und im Sojaöl glasig andünsten. Paprikamark zugeben und mit anschwitzen. Die Paprikaschote würfeln und die Tomaten klein schneiden. Zugeben und mitdünsten.

2 Kräutergewürzsalz, Oregano, Soja-Flocken, Brühe und den Birnensaft zufügen und die Suppe mit geschlossenem Deckel etwa 15 Minuten köcheln lassen.

3 Die Petersilienblättchen hacken. Die Suppe mit dem Schneidstab pürieren. Petersilie und Sojacreme einrühren, einmal aufkochen lassen und nochmals abschmecken.

Zubereitung: 30 Minuten

Tomaten-Paprika-Cremesuppe

Fenchel-Kohl-Suppe mit Natur-Tofu

Für 4 Portionen:

½ Kopf Weißkohl
1 Fenchelknolle
2 Zwiebeln
2 EL Sojaöl
2–3 TL Gemüsebrühe (Instant)
1 große Dose (800 g) geschälte Tomaten
30 g gelbe Linsen (versorgen mit Vitamin B2 und Chrom sowie Ballaststoffen und Eiweiß und verleihen eine besonders cremige Konsistenz)
200 Natur-Tofu
Salz
Pfeffer
1–2 TL Zitronensaft
½ TL Fenchel, gemahlen

So geht's:

1 Den Weißkohl und den Fenchel grob in Stücke schneiden. Die Zwiebeln würfeln und im Sojaöl goldgelb andünsten. Den Weißkohl und den Fenchel zugeben und unter Rühren kräftig andünsten.

2 Die Brühe zufügen. Die geschälten Tomaten hinzufügen und dabei grob zerkleinern. Die gelben Linsen einrühren und zugedeckt etwa 20 Minuten köcheln lassen.

3 Den Tofu in Würfel schneiden, in den letzten 5 Minuten mitköcheln lassen und die Suppe mit Salz, Pfeffer, Zitronensaft und Fenchel abschmecken.

Zubereitung: 50 Minuten

Brokkoli-Cremesuppe mit Avocado

Für 4 Personen:

2 Zwiebeln
2 EL Sojaöl
500 g Brokkoli
Salz
Pfeffer
1 TL Galgant, gemahlen
¼ TL Ingwer, gemahlen
500 ml Gemüsebrühe
1 Avocado
1 Birne
300 ml Sojasahne
Zitronen-Pfeffer
1 Prise Kardamon, in der Schale gemahlen
3 Tropfen Chile habanero (scharfe Chilisoße)

So geht's:

1 Die Zwiebeln würfeln und im Sojaöl glasig andünsten. Den Brokkoli in Röschen teilen und die Brokkolistiele in Scheiben schneiden. Zu den Zwiebeln geben und unter Wenden mitdünsten.

2 Mit Salz, Pfeffer, Galgant und Ingwer würzen. Die Brühe angießen und mit geschlossenem Deckel etwa 15 Minuten köcheln lassen.

3 Die Avocado halbieren, den Kern entfernen, das Fruchtfleisch aus der Schale lösen und würfeln. Die Birne vierteln, das Kerngehäuse entfernen und die Birne in Stücke schneiden. Beides zum Brokkoli geben und kurz mit erwärmen.

4 Die Sojasahne zugeben und mit dem Pürierstab pürieren. Mit Zitronen-Pfeffer, Kardamom, Chile habanero und Salz abschmecken.

Zubereitung: 35 Minuten

Tomatensuppe mit Baguette

1 Zwiebel
1 Knoblauchzehe
2 EL Sojaöl
1 kg vollreife Tomaten
250 ml Gemüsebrühe
Salz
Pfeffer
4 EL Soja-Flocken, zart (sie sind schnell löslich, bringen ein Mehr an essenziellen Fettsäuren und verbessern das Aminosäurespektrum der Mahlzeit)
½ TL Oregano
100 g Vegi-Cheese Mozzarella
8 Scheiben Baguettebrot
1 TL Chiliflocken

So geht's:

1 Die Zwiebel und die Knoblauchzehe in Würfel schneiden und im heißen Sojaöl unter Rühren goldgelb andünsten.

2 Die Tomaten kreuzweise einschneiden, zugeben und mit andünsten. Die Brühe zufügen. Mit Salz und Pfeffer würzen und mit geschlossenem Deckel 15–20 Minuten garen.

3 Die Tomatensuppe in ein feines Sieb gießen und in einen zweiten Topf durchpassieren. Evtl. mit Brühe auf 800 ml auffüllen und kurz köcheln lassen. Die Sojaflocken unterrühren und mit Salz und Oregano kräftig abschmecken.

4 Den Vegi-Cheese in dünne Scheiben schneiden, auf die Baguettescheiben legen und unter dem heißen Grill gratinieren. Mit Chiliflocken bestreuen und auf der Tomatensuppe in Tellern anrichten.

Zubereitung: 40 Minuten

Gemüsesuppe mit Pesto

Für 4 Portionen:
2 Möhren
1 Zucchini
1 Stange Porree (Lauch)
1 Staude Stangensellerie
2 Knoblauchzehen
1 Gemüsezwiebel
2 EL Sojaöl
30 g gelbe Linsen (versorgen mit Vitamin B2 und Chrom sowie Ballaststoffen und Eiweiß und verleihen eine besonders cremige Konsistenz)
2 TL Gemüsebrühe (Instant)
1 TL Thymianblättchen
500 g stückige Tomaten
Salz, Pfeffer
150 g Erbsen (tief gekühlt)
300 ml Sojasahne
1 EL Hanfsamen, geschält (verleihen ein besonders nussiges Aroma und versorgen mit wertvollen ungesättigten Fettsäuren, Vitamin E und Eiweiß)
4 EL Pesto (siehe Seite 56)

So geht's:

1 Die Möhren, die Zucchini, den Porree und den Stangensellerie klein schneiden.

2 Die Knoblauchzehen und die Gemüsezwiebel in Würfel schneiden und im Sojaöl glasig andünsten. Die gelben Linsen zugeben und mitdünsten.

3 Das Gemüse zugeben und ebenfalls andünsten. Die Brühe, Thymian und die stückigen Tomaten zufügen. Mit Salz und Pfeffer würzen und etwa 10 Minuten garen. Die Erbsen zugeben und 8 Minuten weitergaren.

4 Die Sojasahne aufschlagen und mit den Hanfsamen und dem Pesto verschlagen. Suppe auf Teller auffüllen und mit einem Klacks Pesto servieren.

Zubereitung: 55 Minuten

Glasnudel-Suppe mit Shiitake-Pilzen

Für 4 Portionen:
50 g Glasnudeln
1 Bund Lauchzwiebeln
4 Möhren
100 g Zuckerschoten
100 g Shiitake-Pilze
1 walnussgroßes Stück Ingwer
200 g Natur-Tofu
2 EL Sojaöl
2 Schalotten
700 ml Gemüsebrühe
Salz, Pfeffer
3 EL Sojasoße
½ TL Zitronengras, gemahlen
¼ TL Knoblauchpulver

So geht's:

1 Die Glasnudeln mit kochendem Wasser übergießen, ca. 10 Minuten quellen lassen.

2 Die Lauchzwiebeln in etwa 3 cm lange Stücke und die Möhren schräg in dünne Scheiben schneiden. Die Zuckerschoten entfädeln und quer halbieren.

3 Die Shiitake-Pilze je nach Größe halbieren oder vierteln. Den Ingwer schälen und würfeln. Den Tofu in Würfel schneiden.

4 Das Sojaöl in einem Topf erhitzen. Tofu darin kross anbraten. Herausnehmen und beiseitestellen. Die Schalotten würfeln und im Bratfett goldgelb andünsten. Lauchzwiebeln und Möhren zugeben und mitdünsten.

5 Ingwer, Shiitake-Pilze und Brühe zugeben, kräftig würzen und etwa 10 Minuten garen.

6 Die Glasnudeln in ein Sieb gießen und abtropfen lassen. Mit den Zuckerschoten und dem Tofu in die Suppe geben und weitere 5 Minuten erhitzen.

Zubereitung: 40 Minuten

Kartoffelsuppe mit Räuchertofu-Einlage

Für 4 Portionen:
500 g Kartoffeln
1 Möhre
250 g Knollensellerie
1 Stange Porree (Lauch)
2 Zwiebeln
2 EL Sojaöl
500 ml Gemüsebrühe
250 ml Sojacreme (zum Kochen)
Salz
Pfeffer
200 g Räuchertofu
3 Stiele krause Petersilie

So geht's:

1 Die Kartoffeln, die Möhre und den Sellerie schälen und in gleichgroße Würfel schneiden. Den Porree in Ringe schneiden.

2 Die Zwiebeln würfeln und im Sojaöl glasig andünsten. Das vorbereitete Gemüse zugeben und mit andünsten. Die Brühe angießen und mit geschlossenem Deckel ca. 30 Minuten köcheln lassen.

3 Eine Schöpfkelle Gemüse aus der Brühe heben, abtropfen lassen und beiseite stellen. Die Suppe anschließend mit dem Schneidstab pürieren. Sojacreme unterrühren. Mit Salz und Pfeffer abschmecken und einmal aufkochen lassen.

4 Den Tofu mit einem Buntmesser in Scheibchen schneiden und kurz in der Suppe erhitzen. Die Kartoffelsuppe in Teller füllen und mit etwas beiseite gestelltem Gemüse und Räuchertofuscheiben garnieren. Die Petersilie hacken und überstreuen.

Zubereitung: 50 Minuten

Kartoffelsuppe mit Räuchertofu-Einlage

Dinkeltopf mit gerösteten Tofuwürfeln

Für 4 Portionen:

2 Fleischtomaten
3 Möhren
1 große Zucchini
2 rote Zwiebeln
½ Chilischote
4 EL Sojaöl
150 g Dinkel, schnell kochend
500 g passierte Tomaten
1 Zweig Rosmarin
200 g Kräuter-Tofu
2–3 TL Red Palm Öl
Pfeffer
Salz
2 EL Enzym-Fermentgetreide (liefert
   Ballaststoffe und sichert die Versorgung mit Vitamin B12 und
   Folsäure sowie Mineralstoffen,
   u. a. Calcium und Magnesium)
½ Bund glatte Petersilie

So geht's:

1   Die Tomaten an der Oberseite kreuzweise einschneiden, mit kochendem Wasser überbrühen, häuten und das Fruchtfleisch in Würfel schneiden.

2   Die Möhren und die Zucchini würfeln. Die Zwiebeln und die Chili fein hacken und im Sojaöl andünsten.

3   Den Dinkel und das vorbereitete Gemüse zufügen und mit andünsten. Mit den passierten Tomaten und 250 ml Wasser ablöschen. Den Rosmarinzweig zugeben. Aufkochen lassen und mit geschlossenem Deckel etwa 20 Minuten köcheln lassen.

4   Den Kräuter-Tofu in Würfel schneiden. Im heißen Red Palm Öl kross anbraten und pfeffern. Die Dinkelsuppe mit Salz, Pfeffer und Enzym-Fermentgetreide abschmecken.

5   Die Petersilie hacken. Die Suppe in Suppentassen füllen und einige Tofuwürfel und etwas Petersilie daraufstreuen.

Zubereitung: 35 Minuten

Minestrone mit Tofuwürstchen

Für 4 Portionen:

2 Möhren
½ Staude Stangensellerie
2 Fleischtomaten
1 Gemüsezwiebel
2 Knoblauchzehen
1 Bund glatte Petersilie
2 EL Olivenöl
1 l Gemüsebrühe
1 Glas (720 ml) Bohnenkerne
100 g Suppennudeln, aus
    Hartweizengrieß ohne Ei
Salz, Pfeffer
2 TL Majoran
1 TL Oregano
150 g Erbsen, tief gekühlt
4 Tofuwürstchen

So geht's:

1   Die Möhren, den Staudensellerie und die Fleischtomaten in etwa ½ cm große Würfel schneiden. Die Gemüsezwiebel würfeln. Den Knoblauch und die Petersilie hacken.

2   Das Olivenöl in einem weiten Topf erhitzen. Die Zwiebel, den Knoblauch und die Möhren darin andünsten. Die Brühe angießen und etwa 10 Minuten mit geschlossenem Deckel kochen lassen.

3   Die Bohnen abgießen, abspülen und in einem Sieb abtropfen lassen. Zusammen mit den Nudeln und dem Sellerie zufügen. Mit Salz, Pfeffer, Majoran und Oregano würzen. Weitere 10 Minuten garen.

4   Etwa 5 Minuten vor Ende der Garzeit die Erbsen und die Tofuwürstchen in die Suppe geben und mit erhitzen. Die Suppe und je ein Tofuwürstchen in Teller füllen und mit einigen Tomatenwürfeln und gehackter Petersilie bestreuen.

Zubereitung: 50 Minuten

Steckrübeneintopf mit Kartoffeln

Für 4 Portionen:

1 kg Steckrübe
2 Stangen Porree (Lauch)
2 Möhren
500 ml Gemüsebrühe
50 g rote Linsen (versorgen mit Vitamin B2
    und Chrom sowie Ballaststoffen
    und Eiweiß und verleihen eine
    besonders cremige Konsistenz)
1 walnussgroßes Stück Ingwer
1 säuerlicher Apfel
Salz
Pfeffer
750 g Kartoffeln
½ Bund glatte Petersilie
200 g Räuchertofu

So geht's:

1   Die Steckrübe halbieren, schälen und in Würfel schneiden. Den Porree in Ringe schneiden und die Möhren würfeln.

2   Das Gemüse in der Brühe zum Kochen bringen. Die roten Linsen einrühren. Den Ingwer und den Apfel reiben, beides zufügen und mit Salz und Pfeffer würzen. Mit geschlossenem Deckel etwa 30 Minuten garen.

3   In der Zwischenzeit die Kartoffeln schälen, halbieren und in Salzwasser etwa 20 Minuten kochen. Die Petersilie waschen und hacken.

4   Den Tofu in Würfel schneiden und in den letzten 5 Minuten mit den Steckrüben garen. Steckrüben-Tofu-Eintopf mit den Salzkartoffeln auf Tellern anrichten und mit Petersilie bestreut servieren.

Zubereitung: 50 Minuten

Wirsing-Topf
mit Natur-Tofu

Für 4 Portionen:
½ Kopf Wirsing
3 Möhren
3 mittelgroße Kartoffeln
1 große Zwiebel
2 EL Sojaöl
750 ml Gemüsebrühe
30 g gelbe Linsen (versorgen mit Vitamin B2 und Chrom sowie Ballaststoffen und Eiweiß und verleihen eine besonders cremige Konsistenz)
200 g Natur-Tofu
Salz
Pfeffer
¼ TL Kreuzkümmel

So geht's:
1 Den Wirsing putzen, waschen und grob in Stücke schneiden. Die Möhren in dickere Scheiben scheiden. Die Kartoffeln schälen und gleichmäßig würfeln.

2 Die Zwiebel würfeln und im Sojaöl goldgelb andünsten. Das vorbereitete Gemüse zugeben und unter Rühren mitdünsten. Die Brühe zugeben, die roten Linsen in den Wirsing-Topf einrühren und mit geschlossenem Deckel 15–20 Minuten köcheln lassen.

3 Den Tofu in Würfel schneiden und in den letzten 5 Minuten in der Suppe mit erhitzen lassen. Den Wirsing-Topf kräftig mit Salz, Pfeffer und Kreuzkümmel abschmecken.

Zubereitung: 50 Minuten

Borschtsch
mit Sojaeinlage

Für 4 Portionen:
3 rote Bete
2 Möhren
½ Kopf Weißkohl
2 Zwiebeln
3 EL Sojaöl
100 g Soja-Schnetzel, fein
1 l Gemüsebrühe
Salz
Pfeffer
½ TL Bockshornklee, gemahlen
1 TL Kümmel, ganz
Saft von 1 Zitrone

So geht's:
1 Die rote Bete schälen und in Streifen schneiden. Die Möhren in Scheiben schneiden. Den Weißkohl einmal halbieren und dann quer in Streifen schneiden.

2 Die Zwiebeln würfeln und im heißen Sojaöl glasig andünsten. Das Soja-Schnetzel zugeben und kurz mit andünsten. Das vorbereitete Gemüse zufügen und ebenfalls mit andünsten.

3 Die Brühe zugießen und aufkochen lassen. Mit Salz, Pfeffer, Bockshornklee und Kümmel würzen und mit geschlossenem Deckel 20–30 Minuten garen.

4 Den Borschtsch mit dem Zitronensaft abschmecken. Nach Belieben mit einem Klacks Brotaufstrich natur nach Frischkäseart in Tellern anrichten. Dazu schmeckt ganz frisches Bauernbrot.

Zubereitung: 60 Minuten

Wirsing-Topf mit Natur-Tofu

Cremige Gemüsesuppe

Für 4 Portionen:

2 große Kartoffeln
300 g Knollensellerie
2 Stangen Porree (Lauch)
500 g Brokkoli
1 große Zwiebel
2 EL Sojaöl
750 ml Gemüsebrühe
30 g rote Linsen (versorgen mit Vitamin B2
    und Chrom sowie Ballaststoffen
    und Eiweiß und verleihen eine
    besonders cremige Konsistenz)
Salz
Pfeffer
250 ml Sojacreme (zum Kochen)
2 EL Enzym-Fermentgetreide (liefert
    Ballaststoffe und sichert die Ver-
    sorgung mit Vitamin B12 und
    Folsäure sowie Mineralstoffen,
    u. a. Calcium und Magnesium)
5 EL Soja-Flocken, zart (sie sind schnell
    löslich, bringen so ein Mehr an essen-
    ziellen Fettsäuren und verbessern das
    Aminosäurespektrum der Mahlzeit)
100 ml Brottrunk (stärkt den Darm und das
    Immunsystem durch Brotgetreidesäure-
    bakterien, liefert zudem wertvolle Ami-
    nosäuren, Vitamine und Mineralstoffe)

So geht's:

1 Die Kartoffeln und den Sellerie schälen
und würfeln. Den Porree in Ringe schneiden.
Den Brokkoli in Röschen teilen und die Brokkolistiele in Scheiben schneiden.

2 Die Zwiebel würfeln und im heißen Sojaöl glasig andünsten. Die Brühe angießen
und das klein geschnittene Gemüse zufügen. Zum Kochen bringen, die Linsen zugeben und mit Salz und Pfeffer würzen. Mit geschlossenem Deckel etwa 20 Minuten garen.

3 Eine Kelle Gemüsestücke aus der Suppe
heben und beiseitestellen. Die Suppe pürieren. Die Sojacreme unterrühren und mit
Salz, Pfeffer und Enzym-Fermentgetreide
abschmecken. Die Soja-Flocken und den
Brottrunk unterrühren. Die Suppe in
Suppentassen füllen und einige Gemüsestücke zugeben.

Zubereitung: 40 Minuten

Tipp: Als Einlage sind auch Tofuwürstchen
oder gebratene Tofuwürfel sehr lecker.
Dazu den Tofu kurz von allen Seiten anbraten, in Würfel schneiden und zusammen mit
den Gemüsestücken als Einlage zugeben. In
der Suppe die Tofuwürstchen in den letzten
5 Minuten miterwärmen.

Asiatische Gemüsesuppe mit Räuchertofu

Für 4 Portionen:

2 Stangen Zitronengras
1 walnussgroßes Stück Ingwer
1 l Gemüsebrühe
200 g Räuchertofu
2–3 EL Speisestärke
3 EL Kokosfett
1 Möhre
5–6 Stangen grüner Spargel
4 große Shiitake-Pilze
3 Lauchzwiebeln
2 TL Miso
Sojasoße
Pfeffer
½ TL Chiliflocken
3–4 Korianderblättchen

So geht's:

1 Das Zitronengras in mehrere Stücke schneiden. Den Ingwer schälen und in Scheiben schneiden. Beides in der Brühe aufkochen und 10–15 Minuten köcheln lassen. Anschließend durchsieben.

2 Den Tofu längs halbieren, in knapp 1 cm dicke Scheiben schneiden, trocken tupfen und in der Speisestärke wenden. Fett in einer Pfanne erhitzen und den Tofu von beiden Seiten darin frittieren. Die Tofuscheiben aus der Pfanne heben und auf Küchenpapier gut abtropfen lassen.

3 Die Möhre in dünne Scheibchen schneiden. Das untere Drittel der Spargelstangen schälen. Den Spargel längs halbieren und in 3 cm lange Stücke schneiden. Die Shiitake-Pilze in feine Scheiben und die Lauchzwiebeln in Ringe schneiden.

4 Das gesamte vorbereitete Gemüse in die vorbereitete Brühe geben und ca. 6 Minuten garen. Die Suppe vom Herd nehmen. Miso in einer Suppenkelle mit etwas Suppe glatt rühren und dann in die Suppe einrühren. Suppe mit Sojasoße, Pfeffer, Chiliflocken und gehacktem Koriander abschmecken.

5 Den Tofu in Suppenschalen geben und mit Gemüse und Brühe auffüllen.

Zubereitung: 40 Minuten

Möhren-Linsencremesuppe mit Ingwer und Tofu-Croûtons

Für 4 Personen:

500 g Möhren
1 große gelbe Zucchini
1 walnussgroßes Stück Ingwer
2 Schalotten
4 EL Sojaöl
500 ml Gemüsebrühe
Salz
Pfeffer
100 g rote Linsen (versorgen mit Vitamin B2 und Chrom sowie Ballaststoffen und Eiweiß und verleihen eine besonders cremige Konsistenz)
200 g Natur-Tofu
2 Lauchzwiebeln
250 ml Sojacreme (zum Kochen)
50 ml naturtrüber Apfelsaft
2–3 EL Enzym-Fermentgetreide (liefert Ballaststoffe und sichert die Versorgung mit Vitamin B12 und Folsäure sowie Mineralstoffen, u. a. Calcium und Magnesium)
100 ml Brottrunk (stärkt den Darm und das Immunsystem durch Brotgetreidesäurebakterien, liefert zudem wertvolle Aminosäuren, Vitamine und Mineralstoffe)

So geht's:

1 Die Möhren und die Zucchini in Würfel schneiden. Den Ingwer schälen und würfeln. Die Schalotten würfeln und in 2 EL Sojaöl glasig andünsten. Die Möhren, die Zucchini und den Ingwer zugeben und mitdünsten. Die Brühe angießen, würzen und zudeckt etwa 20 Minuten köcheln lassen.

2 Die roten Linsen in 300 ml kochendes Salzwasser geben. Etwa 8 Minuten köcheln und dann in einem Sieb abtropfen lassen.

3 Den Tofu in Würfel und die Lauchzwiebeln in Ringe schneiden. Beides im restlichen Sojaöl goldbraun anbraten.

4 Die Suppe mit dem Schneidstab pürieren. Die Sojacreme und den Apfelsaft zugeben und einmal kurz aufkochen lassen. Die Linsen zugeben. Mit Salz, Pfeffer und Fermentgetreide abschmecken und den Brottrunk einrühren. Die Suppe in Teller geben. Mit Tofu-Croûtons und Lauchzwiebeln als Einlage servieren.

Zubereitung: 45 Minuten

Kalte Paprika-Tomatensuppe

Für 4 Portionen:

500 g reife Tomaten
½ Salatgurke
1 rote Paprikaschote
2 Knoblauchzehen
2 EL Tomatenmark
2 EL Sojaöl
2 EL Enzym-Fermentgetreide (liefert Ballaststoffe und sichert die Versorgung mit Vitamin B12 und Folsäure sowie Mineralstoffen, u. a. Calcium und Magnesium)
8 EL Soja-Flocken, zart (sie sind schnell löslich, bringen so ein Mehr an essenziellen Fettsäuren und verbessern das Aminosäurespektrum der Mahlzeit)
250 ml Brottrunk (stärkt den Darm und das Immunsystem durch Brotgetreidesäurebakterien, liefert zudem wertvolle Aminosäuren, Vitamine und Mineralstoffe)
Salz, Pfeffer

So geht's:

1   Die Tomaten halbieren, die Salatgurke grob würfeln und die Paprikaschote in kleine Würfel schneiden.

2   Den Knoblauch abziehen und im Mixer pürieren. Die Tomaten, die Gurke und die Paprikaschote zugeben und fein durchmixen.

3   Das Tomatenmark, das Sojaöl, das Enzym-Fermentgetreide, die Soja-Flocken und den Brottrunk zugeben. Würzen, noch einmal vermixen. Etwa 30 Minuten kalt stellen.

Zubereitung: 40 Minuten (ohne Kühlzeit)

TIPP: Als Einlage können Sie fein gewürfelte Paprika, Tomate und Gurke verwenden. Oder auch 3 Scheiben Toast entrinden, würfeln und in etwas Oliven- oder Sojaöl in einer Pfanne knusprig goldbraun rösten.

Kalte Gurkensuppe

Für 4 Portionen:

2 grüne Chilischoten
3 kleine Salatgurken
2 Schalotten
200 g Rucola
3 EL weißer Balsamico-Essig
1 EL geröstetes Arganöl
Salz, Pfeffer
6 EL Soja-Flocken, zart (sie sind schnell löslich, bringen so ein Mehr an essenziellen Fettsäuren und verbessern das Aminosäurespektrum der Mahlzeit)
250 ml Sojayogurt
200 ml Brottrunk (stärkt den Darm und das Immunsystem durch Brotgetreidesäurebakterien, liefert zudem wertvolle Aminosäuren, Vitamine und Mineralstoffe)
2 TL Hanfsamen, geschält (verleihen ein besonders nussiges Aroma und versorgen mit wertvollen ungesättigten Fettsäuren, Vitamin E und Eiweiß)

So geht's:

1   Die Chili längs aufschlitzen und die Kerne entfernen. Die Gurken gründlich waschen und in Stücke schneiden.

2   Die Schalotten würfeln. Rucola abspülen und trocken schütteln. Etwas Rucola für die Garnierung beiseitelegen. Restliche Rucola zusammen mit Chili, Gurke, Schalotte, Essig und Arganöl im Mixer fein pürieren. Mit Salz und Pfeffer würzen. Die Soja-Flocken, den Sojayogurt, den Brottrunk und 150 ml Wasser zugeben. Noch einmal kurz durchmixen. 2 Stunden kalt stellen.

3   Zum Servieren die Gurkensuppe auf tiefe Teller verteilen und mit den beiseite gelegten Rucolablättchen und den Hanfsamen bestreuen.

Zubereitung: 20 Minuten (ohne Kühlzeit)

Kürbissuppe mit Tofubällchen

Für 4 Portionen:

1 Hokkaido- oder Muskatkürbis
2 Zwiebeln
2 EL Sojaöl
½ TL Curry
¼ TL Cayennepfeffer
600 ml Gemüsebrühe
1 Bund glatte Petersilie
1 Knoblauchzehe
2 TL Ei-Ersatz
200 g Natur-Tofu
2 EL Sojamehl
1 EL Sojasoße
Salz
Pfeffer
1 TL Kürbiskernmus
¼ TL Wasabi
Saft von 1 Orange
250 ml Sojacreme (zum Kochen)
2 EL Kürbiskerne
2–3 TL Kürbiskernöl

So geht's:

1 Den Kürbis evtl. schälen und in Würfel schneiden. Die Zwiebeln würfeln und im heißen Sojaöl kräftig anbraten. Den Kürbis zugeben und mit andünsten.

2 Curry und Cayennepfeffer überstäuben, kurz anschwitzen und die Brühe angießen. Mit geschlossenem Deckel etwa 30 Minuten bei mittlerer Hitze garen.

3 Für die Klößchen die Petersilie und den Knoblauch fein hacken. Das Ei-Ersatz mit 2 EL Wasser verrühren. Den Tofu mit einer Gabel zerdrücken. Dabei die Petersilie, den Knoblauch, das Ei-Ersatz und das Sojamehl unterarbeiten. Mit Sojasoße, Salz, Pfeffer, Kürbiskernmus und Wasabi würzen. Zu kleinen Klößchen formen und nebeneinander auf einen Teller legen.

4 Die Kürbissuppe mit dem Schneidstab pürieren. Den Orangensaft und die Sojacreme unterrühren. Mit Salz und Pfeffer abschmecken und aufkochen lassen. Die Tofu-Klößchen zugeben und bei schwacher Hitze etwa 5 Minuten ziehen lassen. Nicht mehr sprudelnd kochen lassen!

5 Zum Servieren die Kürbissuppe mit einigen Klößchen in tiefe Teller füllen. Einige Kürbiskerne und etwas Kürbiskernöl zum Servieren daraufgeben.

Zubereitung: 60 Minuten

Misosuppe mit Koriander und Natur-Tofu

Für 4 Portionen:

100 g Glasnudeln
2 große Möhren
1 Stange Porree (Lauch)
200 g Natur-Tofu
1 walnussgroßes Stück Ingwer
800 ml Gemüsebrühe
2 EL Barley Miso
100 g Sojasprossen
2 EL Tamari Sojasoße Coriander + Wasabi
Salz
Pfeffer
¼ TL Zitronengras, gemahlen
¼ TL Bockshornklee, gemahlen
1 Prise Kardamom, in der Schale
    gemahlen
3 Stiele Koriander
3 Stiele Petersilie

So geht's:

1 Die Glasnudeln in eine Schale geben, mit kochendem Wasser übergießen und etwa 10 Minuten quellen lassen.

2 Die Möhren quer in Stücke und anschließend in dünne Stifte schneiden. Den Poree in Ringe und den Tofu in Streifen schneiden. Den Ingwer schälen und reiben.

3 Die Brühe zum Kochen bringen. Das Miso in einer Schöpfkelle zunächst mit etwas heißer Brühe verrühren und dann in die kochende Brühe einrühren.

4 Die Glasnudeln abtropfen lassen und zusammen mit den Möhren, dem Lauch, den Sojasprossen und dem Tofu in die Brühe geben. Etwa 10 Minuten köcheln lassen.

5 Mit Sojasoße, Salz, Pfeffer, Zitronengras, Bockshornklee und Kardamom abschmecken. Die Koriander- und die Petersilienblättchen hacken und zum Schluss in die Suppe einrühren.

Zubereitung: 25 Minuten

Tipp: Miso gibt es in unterschiedlichen Geschmacksrichtungen. So können Sie immer wieder feine Varianten in die Misosuppe bringen. Restliches Miso in der Packung gut verschließen und im Gemüsefach aufbewahren.

Bärlauch-Creme-Suppe

Für 4 Portionen:

200 g Bärlauch (alternativ: Blattspinat)
1 Bund Lauchzwiebeln
2 EL Sojaöl
5 EL Soja-Flocken, zart (sie sind schnell
   löslich, bringen so ein Mehr an essenziellen Fettsäuren und verbessern das
   Aminosäurespektrum der Mahlzeit)
750 ml Gemüsebrühe
250 ml Sojacreme (zum Kochen)
Salz
Pfeffer
½ TL geriebener Meerrettich
   (frisch oder aus dem Glas)
geriebene Muskatnuss
2 große Knoblauchzehen
1 TL Red Palm Öl
1 Bund Schnittlauch
8 Scheiben Baguettebrot

So geht's:

1 Den Bärlauch in Streifen und die Lauchzwiebeln in Ringe schneiden. Zusammen im
heißen Sojaöl unter Rühren andünsten. Die
Soja-Flocken unterheben und die Brühe angießen. Aufkochen lassen und etwa 10 Minuten köcheln lassen.

2 Die Suppe mit dem Schneidstab pürieren
und Sojacreme unterrühren. Die Bärlauch-
Creme-Suppe mit Salz, Pfeffer, Meerrettich
und Muskat abschmecken.

3 Den Knoblauch in dünne Scheiben
schneiden und im heißen Palm Öl rösten.
Schnittlauch in Röllchen schneiden und zugeben. Suppe portionsweise anrichten und
mit Knoblaucheinlage und Baguettescheiben servieren.

Zubereitung: 25 Minuten

TIPP: Zum Garnieren ideal sind feine Streifen der Bärlauchblätter und auch die feinen
Bärlauchblüten geben eine wunderbar aro-
matische Note. Damit Sie auch nach dem
Frühjahr noch den Bärlauch genießen können, frieren Sie ihn ein. Einfach hacken oder
in Streifen schneiden und in kleine Portions-
beutel verpackt in die Gefriertruhe legen.

Weiße-Bohnen-Topf mit Tofueinlage

Für 4 Portionen:

1 Bund Suppengrün
1 Zwiebel
2 Knoblauchzehen
2 EL Sojaöl
2 Stangen Staudensellerie
1 kleine Dose (400 g) stückige Tomaten
250 ml Gemüsebrühe
1 kleine Dose (400 g) weiße Bohnen
Salz
Pfeffer
1 TL Bohnenkraut, getrocknet
abgeriebene Schale von 1 Zitrone
200 g Natur-Tofu
1 EL dunkles Sesamöl
2–3 EL Basilkum-Pesto (siehe Seite 56)

So geht's:

1 Das Suppengrün putzen und würfeln. Die Zwiebel würfeln und den Knoblauch in Scheiben schneiden. Beides im Sojaöl goldgelb anbraten. Das Suppengrün zugeben und mit andünsten.

2 Den Sellerie in Scheiben schneiden. Zusammen mit den Tomaten, der Brühe und den weißen Bohnen zugeben. Mit Salz, Pfeffer, Bohnenkraut und Zitronenschale würzen. Aufkochen und bei schwacher Hitze etwa 20 Minuten köcheln lassen.

3 Den Tofu in Würfel schneiden und im heißen Sesamöl kross braten. Zum Servieren die Suppe in Teller füllen und jeweils einen Klacks Pesto und einige Tofuwürfel zugeben. Dazu schmeckt knuspriges Baguettebrot oder Ciabatta.

Zubereitung: 45 Minuten

Kohlsuppe mit Sojabällchen

Für 4 Portionen:

1 kleiner Weißkohl
2 Möhren
1 kleine rote Bete
1 Zwiebel
2 EL Sojaöl
1 große Dose (800 g) geschälte Tomaten
Salz, Pfeffer
1 TL Kümmel
200 ml Gemüsebrühe
1 TL Miso
100 g Soja-Schnetzel, fein
1 Bund Schnittlauch
2 TL geriebener Meerrettich (frisch oder aus dem Glas)
5 EL Soja-Flocken, zart (sie sind schnell löslich, bringen so ein Mehr an essenziellen Fettsäuren und verbessern das Aminosäurespektrum der Mahlzeit)

So geht's:

1 Den Weißkohl vierteln und quer in Streifen, die Möhren in dickere Scheiben schneiden. Die rote Bete schälen. Erst in Scheiben und dann in Stifte schneiden.

2 Die Zwiebel würfeln und im heißen Sojaöl glasig andünsten. Kohl, Möhren und rote Bete zugeben und mitdünsten. Die geschälten Tomaten zufügen, dabei etwas zerkleinern. Mit Salz, Pfeffer und Kümmel würzen. Mit geschlossenem Deckel ca. 30 Minuten garen.

3 Die Brühe einmal aufkochen. In eine Schüssel geben. Das Miso und das Soja-Schnetzel einrühren, ca. 10 Minuten quellen lassen.

4 Den Schnittlauch in Röllchen schneiden. Zusammen mit dem Meerrettich und den Soja-Flocken unter das Soja-Schnetzel heben. Mit Salz und Pfeffer würzen und zu größeren Bällchen formen. In den letzten 5–8 Minuten in der Kohlsuppe mitgaren.

Zubereitung: 50 Minuten

Linseneintopf mit Kartoffeln und Räuchertofu

Für 4 Portionen:

250 g getrocknete Linsen und Bohnen
(z. B. Provencal Linsen, Tellerlinsen,
Black Eye Peas, Adzukibohnen
oder gelbe Sojabohnen)
1 Stange Porree (Lauch)
2 große Kartoffeln
1 Möhre
1 rote Zwiebel
2 TL Sojaöl
400 ml Gemüsebrühe
1 Bund Majoran
2 EL Kräuteressig
Salz
Pfeffer
2 EL Enzym-Fermentgetreide (liefert
Ballaststoffe und sichert die Versorgung mit Vitamin B12 und
Folsäure sowie Mineralstoffen,
u. a. Calcium und Magnesium)
200 g Räuchertofu

So geht's:

1 Die getrockneten Linsen und Bohnen mit kochendem Wasser übergießen und über Nacht quellen lassen.

2 Den Porree in Ringe schneiden. Die Kartoffeln und die Möhre schälen und beides in Würfel schneiden.

3 Die Zwiebel würfeln und in dem Sojaöl kross andünsten. Den Porree, die Kartoffeln und die Möhre zugeben und mitdünsten. Die eingeweichten Linsen abgießen und zugeben. Die Brühe angießen, die Majoranstiele zufügen und mit geschlossenem Deckel etwa 30 Minuten kochen.

4 Die Majoranstiele aus der Suppe entfernen. Suppe mit Essig, Salz, Pfeffer und Enzym-Fermentgetreide abschmecken. Den Tofu in Würfel schneiden und zum Schluss etwa 5 Minuten in der Suppe mit erwärmen.

Zubereitung: 45 Minuten
Einweichzeit: 12 Stunden

TIPP: Es gibt bereits fertige Mischungen von verschiedenen Hülsenfrüchten zu kaufen. Der Vorteil: Sie haben nicht so viele angebrochene Packungen in Ihrem Schrank und lernen auch etwas ausgefallene Linsen- und Bohnensorten kennen.

Salat und Gemüse

Brokkoli-Paprika-salat mit Pinienkernen

Für 4 Personen:
500 g Brokkoli
2 rote Paprikaschoten
3 Lauchzwiebeln
100 g Sojasprossen
1 rotschaliger Apfel
30 g Pinienkerne
3 EL Apfelessig
2 EL Sojaöl
Salz
Pfeffer
1 Stiel Zitronenmelisse
100 g Natur-Tofu

So geht's:

1 Den Brokkoli in Röschen teilen, die Stiele fein hacken. Die Paprikaschoten würfeln. Die Lauchzwiebeln in Ringe schneiden. Die Sojasprossen grob hacken.

2 Den Apfel entkernen und grob in Stücke schneiden. Zusammen mit den Pinienkernen, dem Apfelessig, dem Sojaöl, Salz, Pfeffer und den Zitronenmelisseblättchen in den Mixer geben und kurz durchmixen.

3 Den Tofu würfeln und zusammen mit dem Brokkoli, der Paprika, der Lauchzwiebeln und den Sprossen zugeben und alles einmal kurz grob zerkleinern. Nochmals kräftig abschmecken.

Zubereitung: 30 Minuten

Brokkoli-Paprikasalat
mit Pinienkernen

Fruchtiger Nudelsalat mit Räuchertofu

Für 4 Portionen:
500 g Fusili-Nudeln, aus Hartweizengrieß ohne Ei
Salz
1 EL Miso
1 Baby-Ananas
200 g Maiskörner (aus der Dose)
2 Lauchzwiebeln
150 g Erbsen (tief gefroren)
300 ml Sojasahne
3 EL Sojasoße
Pfeffer
2 EL Weißweinessig
2 TL Curry
200 g Räuchertofu
1 TL Sojaöl

So geht's:

1 Die Nudeln in reichlich Salzwasser ca. 8–10 Minuten bissfest kochen. Miso zugeben.

2 Die Ananas schälen und das Fruchtfleisch in Würfel schneiden. Zusammen mit dem Mais in eine große Schüssel geben. Die Lauchzwiebeln in Ringe schneiden und zufügen.

3 Die Erbsen in den letzten 3 Minuten mit den Nudeln mitkochen. In einen Durchschlag geben, abtropfen lassen, kurz kalt abspülen und auskühlen lassen. Nudeln und Erbsen zur Ananas in die Schüssel geben.

4 Die Sojasahne mit dem Schneebesen aufschlagen. Mit Sojasoße, Pfeffer, Essig und Curry würzen, auf die vorbereiteten Salatzutaten geben und mischen.

5 Tofu in Würfel schneiden und im heißen Sojaöl kurz anbraten. Zum Salat geben.

Zubereitung: 25 Minuten
Kühlzeit: 1 Stunde

Rohkostteller mit Sojadressing und Sprossen

Für 4 Portionen:

4 Möhren
1 rote Bete
1 Zucchini
1 rote Paprikaschote
100 g Feldsalat
100 g Sojasprossen
125 g Sojayogurt
3 EL Olivenöl (z. B. aus Kalamata)
Saft von 1 Limette
1 TL Rohrzucker
Salz
Pfeffer
½ Beet Kresse
10 Walnusskernhälften

So geht's:

1 Die Möhren, die rote Bete, die Zucchini und die Parikaschote in feine Stifte schneiden oder grob raspeln und auf einer Platte dekorativ anrichten.

2 Den Feldsalat und die Sojasprossen mischen und grob durchhacken. Zum Gemüse auf die Platte legen.

3 Den Sojayogurt mit dem Olivenöl, dem Limettensaft und dem Rohrzucker verschlagen und mit Salz und Pfeffer würzen. Das Dressing über die Rohkost verteilen.

4 Die Kresse vom Beet abschneiden und darüberstreuen. Die Walnusskerne hacken und ebenfalls darüberstreuen. Nach Belieben mit grob gemahlenem Pfeffer bestreuen. Dazu schmeckt Knusper-Knäcke (siehe Seite 230).

Zubereitung: 35 Minuten

Apfel-Krautsalat mit Sojabohnen-Keimlingen

Für 4 Portionen:

1 kleiner Kopf Rotkohl
¼ Weißkohl
5 Datteln
2 rotschalige Äpfel
Saft von 1 Zitrone
1 Glas (340 g) Sojabohnen-Keimlinge
4 EL Olivenöl
3–4 EL Kräuteressig
1 TL Rohrzucker
Salz
Pfeffer
¼ TL Kümmel, gemahlen
3 EL Sonnenblumenkerne

So geht's:

1 Den Rotkohl und den Weißkohl in feine Streifen schneiden. Die Datteln in feine Stifte schneiden und mit dem gesamten Kohl in einer Schüssel mischen.

2 Die Äpfel entkernen und in feine Scheiben schneiden. Sofort mit dem Zitronensaft beträufeln und anschließend mit dem Kohl mischen. Die Sojabohnen-Keimlinge abtropfen lassen und unterheben.

3 Das Öl mit dem Essig und dem Rohrzucker verschlagen. Mit Salz, Pfeffer und Kümmel würzen und mit dem Salat mischen. Die Sonnenblumenkerne ohne Fettzugabe rösten und über den Salat streuen.

Zubereitung: 20 Minuten

Linsen-Nudelsalat mit Orangen

Für 4 Portionen:

200 ml Gemüsebrühe
100 g Belugalinsen
1 TL Curry
3 EL Tamari Sojasoße Wasabi + Ingwer
125 g Fadennudeln
Salz
2 Tomaten
2 EL Walnusskernhälften
2 Orangen
5 Stiele Koriander
3 EL Olivenöl (z. B. aus Kalamata)
½ TL Senf
5 EL Balsamico-Essig
Pfeffer
¼ TL Ingwer, gemahlen
200 g Natur-Tofu
1 EL Sojaöl

So geht's:

1 Die Brühe aufkochen lassen. Die Linsen, Curry und Sojasoße hineingeben und mit geschlossenem Deckel etwa 20 Minuten garen. Anschließend in ein Sieb gießen und gut abtropfen lassen.

2 Die Fadennudeln in reichlich kochendes Salzwasser geben und 8–10 Minuten bissfest garen. Abgießen und abtropfen lassen.

3 Die Tomaten würfeln und die Walnusskerne grob hacken. Die Orangen einschließlich der weißen Haut dick schälen wie einen Apfel. Dann die Fruchtfilets zwischen den Trennhäuten herausschneiden. Den Saft dabei auffangen. Die Korianderblättchen sehr fein hacken.

4 Das Olivenöl und den Senf verrühren und mit dem Balsamico-Essig und dem Orangensaft verschlagen. Mit Salz, Pfeffer und Ingwer würzen und die Korianderblättchen unterheben. Das Dressing mit den vorbereiteten Salatzutaten vermischen und auf Tellern anrichten.

5 Den Tofu in Würfel schneiden und in einer beschichteten Pfanne im heißen Sojaöl knusprig braun braten und auf dem Linsen-Nudelsalat anrichten.

Zubereitung: 40 Minuten

Blattsalat mit Senfdressing und Tofu-Croûtons

1 Eichblattsalat
1 Handvoll Rucola
200 g Knollensellerie
125 g Sojayogurt
½ TL Dijon-Senf
1 EL Preiselbeermarmelade
2 EL Walnussöl
2–3 TL Zitronensaft
Salz
Pfeffer
200 g Natur-Tofu
2 EL Sojaöl
6 Walnusskernhälften
½ Bund Schnittlauch

So geht's:

1   Den Eichblattsalat und die Rucola waschen, verlesen und in mundgerechte Stücke zupfen. Den Sellerie in dünne Streifen schneiden. Alles in einer Schüssel mischen.

2   Den Sojayogurt mit dem Senf, der Preiselbeermarmelade, dem Walnussöl und dem Zitronensaft verschlagen. Mit Salz und Pfeffer würzen und mit dem vorbereiteten Salat vermischen. Den Salat auf Teller verteilen.

3   Den Tofu in Würfel schneiden und im heißen Sojaöl knusprig braten. Die Walnüsse grob hacken. Den Schnittlauch in Röllchen schneiden. Alles über den Salat streuen.

Zubereitung: 30 Minuten

Kartoffel-Möhren-Salat

600 g festkochende Kartoffeln
300 g Möhren
250 ml Gemüsebrühe
Salz
Pfeffer
1 große Zwiebel
3 EL Sojaöl
2 EL Balsamico-Essig
½ Bund glatte Petersilie

So geht's:

1   Die Kartoffeln und die Möhren schälen und in dickere Scheiben schneiden. In der Brühe aufkochen, mit Salz und Pfeffer würzen und bei geschlossenem Deckel etwa 15 Minuten kochen. Anschließend abgießen und abtropfen lassen. Die Brühe dabei auffangen und beiseitestellen.

2   Die Zwiebel halbieren und in dünne Scheiben schneiden, im heißen Sojaöl goldgelb andünsten. Mit dem Balsamico-Essig ablöschen und mit den Möhren und den Kartoffeln mischen.

3   Den Salat abkühlen lassen. 5 EL von der aufbewahrten Brühe unterheben und abschmecken. Die Petersilie hacken und darüberstreuen oder nach Belieben mit frisch gemahlenem Pfeffer bestreuen.
Dazu schmecken die Knusperfrikadellen von Seite 120.

Zubereitung: 40 Minuten

Kartoffel-Möhren-Salat

Gurkensalat mit Apfel und Sprossen

Für 4 Portionen:
1 Salatgurke
2 rotschalige Äpfel
Saft von 1 Zitrone
3 Lauchzwiebeln
200 g Sojasprossen
50 g Rettichsprossen
½ Bund Dill
125 g Sojayogurt
5 EL Apfelsaft
4 TL Soja-Flocken, zart (sie sind schnell
   löslich, bringen so ein Mehr an essenziellen Fettsäuren und verbessern das
   Aminosäurespektrum der Mahlzeit)
2 TL Kräuteressig
Salz
1 Messerspitze Cayennepfeffer
5 Walnusskernhälften
3 EL Sonnenblumenkerne

So geht's:
1   Die Gurke längs halbieren und mit einem
Löffel die Kerne herauslösen. Die Gurke in
Scheiben hobeln. Die Äpfel entkernen und in
dünne Spalten schneiden. Sofort mit dem
Zitronensaft beträufeln.

2   Die Lauchzwiebeln in Ringe scheiden und
die Sojasprossen und die Rettichsprossen
kurz abspülen. Alles in eine Schüssel geben
und durchmischen.

3   Die Dillfähnchen von den Stielen ab-
zupfen und etwas klein hacken. Mit dem
Sojayogurt, dem Apfelsaft und den Soja-
Flocken aufschlagen. Mit Essig, Salz und
Cayennepfeffer abschmecken. Mit den
Salatzutaten mischen. Die Walnüsse grob
hacken und zusammen mit den Sonnen-
blumenkernen unter den Salat heben.

Zubereitung: 20 Minuten

Okra-Salat mit Orangen

Für 4 Portionen:
200 g weiße Bohnenkerne (aus der Dose)
Salz
250 g Okraschoten
3 Orangen
2 EL Red Palm Öl
1 TL Fenchelsamen
1 Glas (340 g) Sojabohnen-Keimlinge
1 TL Rohrzucker
Pfeffer
5 Minzeblättchen

So geht's:
1   Die Bohnenkerne in einem Sieb abtropfen lassen. In kochendes Salzwasser geben
und etwa 10 Minuten garen. Anschließend
gut abtropfen lassen.

2   Die Okraschoten einmal längs halbieren
und dabei den Stielansatz abschneiden. Die
Orangen einschließlich der weißen Haut
dick schälen wie einen Apfel und dann die
Fruchtfilets zwischen den Trennhäuten herausschneiden. Den Saft dabei auffangen.

3   Das Red Palm Öl in einer Pfanne erhitzen
und die Fenchelsamen darin anrösten. Den
aufgefangenen Orangensaft zugeben und
einmal aufkochen lassen.

4   Die Sojabohnen-Keimlinge in einem Sieb
abtropfen lassen und zusammen mit den
Okraschoten, den Bohnenkernen und dem
Rohrzucker in die Pfanne geben und etwa
5 Minuten köcheln lassen.

5   Die Orangenfilets zufügen, unterheben
und pfeffern. Die Minze in Streifen schneiden und darüber streuen.

Zubereitung: 40 Minuten

Bunter Tofu-Salat mit Kresse-Dressing

Für 4 Portionen:
200 g Natur-Tofu
3 EL Tamari Sojasoße
1 EL italienische Kräuter
je 1 gelbe und orange Paprikaschote
3 Tomaten
1 kleiner Römersalat
2 Lauchzwiebeln
1 Bund Radieschen
1 EL Estragon-Essig
2 EL Balsamico-Essig
3 EL Olivenöl (z. B. aus Kalamata)
Salz
Pfeffer
1 Beet Kresse

So geht's:
1 Den Tofu in Würfel schneiden und mit der Sojasoße beträufeln. Die italienischen Kräuter daraufstreuen und etwa 20 Minuten marinieren lassen.

2 Die Paprika und die Tomaten in Würfel schneiden. Den Römersalat in Streifen und die Lauchzwiebeln in Ringe schneiden. Die Radieschen in Scheiben schneiden. Alles in einer Schüssel mischen. Den Tofu abtropfen lassen und unterheben.

3 Für das Dressing den Essig mit dem Olivenöl verschlagen. Die Tofumarinade unterrühren und mit Salz und Pfeffer abschmecken. Die Kresse vom Beet abschneiden, unterrühren und das Dressing mit den vorbereiteten Salatzutaten mischen. Kurz ziehen lassen.

Zubereitung: 45 Minuten
Marinierzeit: 20 Minuten

Zuckerschoten scharf und fruchtig

Für 4 Portionen:
400 g Zuckerschoten
2 rotschalige Äpfel
abgeriebene Schale und Saft
    von 2 Limetten
1 Bund Lauchzwiebeln
200 g Kräuter-Tofu
30 g Pinienkerne
2 EL geröstetes Arganöl
Salz
Pfeffer
1 TL Sambal Oelek
3 EL Sojasoße
125 g Rucola

So geht's:
1 Die Zuckerschoten entfädeln und halbieren. Die Äpfel vierteln, entkernen und in Scheiben schneiden. Sofort mit dem Limettensaft beträufeln. Das Weiße der Lauchzwiebeln in Scheiben schneiden und das Grün in etwa 2 cm lange Stücke. Den Tofu in dickere Streifen schneiden.

2 Die Pinienkerne in einer Pfanne ohne Fettzugabe goldbraun rösten und auf einen Teller zum Abkühlen schütten.

3 Das Arganöl in die Pfanne geben. Lauchzwiebeln und die Zuckerschoten zufügen und unter Rühren anbraten. Die Apfelscheiben und den Tofu dazugeben und unter Rühren mitdünsten. Mit Salz, Pfeffer, Limettenschale, Sambal Oelek und Sojasoße würzen und mit geschlossenem Deckel etwa 5 Minuten köcheln lassen.

4 Die Rucola verlesen und klein zupfen. Unter die Zuckerschoten heben und kurz ziehen lassen. Dazu schmeckt Basmatireis.

Zubereitung: 25 Minuten

Schichtsalat mit Tofu-Rosso

Für 4 Portionen:
1 Dose (400 g) Kidneybohnen
½ Kopf Eisbergsalat
1 kleine Dose (185 g) Gemüsemais
1 kleine Dose (400 g) geschälte
    Cocktailtomaten
200 g Tofu-Rosso
1 Glas (250 g) Majonäse ohne Ei
2 TL körniger Senf
Salz
Pfeffer
3 EL Sojasoße
125 g Sojayogurt

So geht's:

1 Die Kidneybohnen in einem Durchschlag abtropfen lassen. Dann in wenig Wasser etwa 10 Minuten sanft köcheln lassen, abgießen und abtropfen lassen.

2 Den Eisbergsalat in Streifen schneiden, die Maiskörner abtropfen lassen. Die Cocktailtomaten in einem Sieb abgießen. Den Tofu-Rosso in Streifen schneiden.

3 In eine hohe Schüssel oder in ein Glas den Eisbergsalat, abwechselnd die Kidneybohnen, den Mais, den Tofu und die Cocktailtomaten einschichten.

4 Die Majonäse, Senf, Salz, Pfeffer, Sojasoße und den Sojayogurt mit dem Schneebesen kräftig aufschlagen. Als abschließende Schicht auf den Schichtsalat geben. Zur Garnierung einige Salat- und Tofustreifen darauflegen.

Zubereitung: 20 Minuten

Schichtsalat mit Tofu-Rosso

Spinatsalat mit Tofu-Croûtons

Für 4 Portionen:
300 g frischer Blattspinat
3 Lauchzwiebeln
2 kleine rote Zwiebeln
2 EL geröstetes Argan-Öl
½ TL süßer Senf
1 TL Ahornsirup
2 EL Traubenessenz
Salzer
Pfeffer
400 g Natur-Tofu
3 EL Sojaöl
4 TL Gomasio (gerösteter Sesam)

So geht's:

1 Den Spinat waschen, verlesen und in mundgerechte Stück zupfen. Die Lauchzwiebeln und die roten Zwiebeln in Ringe schneiden. Alles in einer Schüssel mischen.

2 Für das Dressing das Argan-Öl mit dem Senf und dem Ahornsirup verschlagen. Die Traubenessenz unterrühren und mit Salz und Pfeffer würzen. Mit dem vorbereiteten Salat mischen und auf Tellern anrichten.

3 Den Tofu in Würfel schneiden und im Sojaöl von beiden Seiten knusprig braten. Die Tofu-Croûtons auf dem Salat anrichten. Gomasio zum Schluss darüberstreuen. Dazu schmeckt knuspriges Baguettebrot.

Zubereitung: 30 Minuten

Tofu-Tomaten-Salat

2 Knoblauchzehen
3 EL Olivenöl (z. B. aus Kalamata)
6 EL Balsamico-Essig
2 TL Senf
2 TL Oregano
Salz
Pfeffer
400 g Kräuter-Tofu
2 rote Zwiebeln
6 Tomaten
½ Bund Basilikum
grober Pfeffer

So geht's:
1 Die Knoblauchzehen durchpressen und mit Öl, Balsamico-Essig, Senf und Oregano mischen. Mit Salz und Pfeffer würzen.

2 Den Kräuter-Tofu in gleichmäßige Scheiben schneiden und auf einen flachen Teller legen. Mit der Marinade beträufeln und abgedeckt etwa 1 Stunde marinieren.

3 Die Zwiebeln halbieren und in dünne Scheiben schneiden. Die Tomaten in Scheiben schneiden, den grünen Stielansatz dabei entfernen. Tomatenscheiben, Zwiebeln und die Tofuscheiben fächerartig auf einer Platte anrichten.

4 Die Basilikumblättchen von den Stielen abzupfen und zwischen die Tomaten und den marinierten Tofu schieben. Mit grobem Pfeffer bestreuen.

Zubereitung: 25 Minuten
Marinierzeit: 1 Stunde

Rote-Bete-Stifte mit Minzyogurt

Für 4 Portionen:
einige Zweige Minze
250 g Sojayogurt
Salz
Pfeffer
¼ TL Kreuzkümmel, gemahlen
½ TL Bockshornklee, gemahlen
3 große rote Bete
3 EL Sojaöl
3 EL Gomasio (gerösteter Sesam)

So geht's:
1 Die Minzeblättchen von den Stielen abzupfen und in feine Streifen schneiden. Mit dem Sojayogurt verschlagen und mit Salz, Pfeffer, Kreuzkümmel und Bockshornklee abschmecken.

2 Die rote Bete schälen. Zunächst in nicht zu dicke Scheiben und dann in gleichmäßige Stifte schneiden.

3 Das Sojaöl in einer Pfanne erhitzen und die Rote-Bete-Stifte darin unter gelegentlichem Wenden etwa 15 Minuten kräftig andünsten. Mit dem Minzyogurt anrichten und mit dem Gomasio bestreuen.

Zubereitung: 45 Minuten

TIPP: Rote Bete färben! Am besten zum Schälen und Schneiden Küchenhandschuhe anziehen. Die benutzten Brettchen schnell abspülen, damit sie nicht verfärbt bleiben.

Nudel-Tomaten-Salat mit Rucola-Senfdressing

Für 4 Portionen:

50 g getrocknete Dattel-Tomaten
Salz
6 EL Olivenöl (z. B. aus Kalamata)
2 TL Chiliflocken
250 g Renne Rigate, aus
    Hartweizengrieß ohne Ei
1 kleine Zucchini
20 g Pinienkerne
200 g Natur-Tofu
1 Handvoll Rucola
3 EL Balsamico-Essig
2 TL Basilikum-Senf
Pfeffer

So geht's:

1 Die Datteltomaten in 150 ml Salzwasser etwa 20 Minuten köcheln lassen. Dann abgießen und abtropfen lassen. Die Tomaten grob in Stücke schneiden, mit dem Olivenöl mischen und mit Chiliflocken bestreuen. Etwa 1 Stunde marinieren lassen.

2 Die Penne Rigate in reichlich kochendes Salzwasser geben und 8–10 Minuten bissfest garen. Dann in einen Durchschlag abgießen und abtropfen lassen.

3 Die Zucchini zunächst in Scheiben und dann in Stifte schneiden. Die Pinienkerne in einer Pfanne ohne Fettzugabe goldgelb rösten. Den Tofu in Würfel schneiden. Die in Öl eingelegten Tomaten gut abtropfen lassen und dann in einer Schüssel mit den Nudeln, den Zucchinistiften, dem Tofu und den gerösteten Pinienkernen mischen.

4 Für das Dressing die Rucola grob pürieren. Den Balsamico-Essig mit dem Senf verrühren und das Würzöl von den getrockneten Tomaten (evtl. mit Olivenöl auf 80 ml auffüllen) darunterschlagen. Das Rucolapüree unterheben und mit Salz und Pfeffer würzen. Mit den Salatzutaten mischen und kurz durchziehen lassen.

Zubereitung: 1 Stunde
Marinierzeit: 1 Stunde

Nudelsalat mit Provencal-Linsen und Curry-Würztofu

Für 4 Portionen:

40 g Provencal-Linsen

125 g Gabeletti-Nudeln, aus Hartweizengrieß ohne Ei

200g Curry-Tofu indisch gewürzt

Salz

2 TL Sojaöl

1 rote Chilischote

6 mittelgroße Gewürzgurken

1 kleine Dose (185 g) Gemüsemais

½ Glas (125 g) Majonäse ohne Ei

5 EL Sojayogurt

1 TL Basilikum-Senf

75 ml Brottrunk (stärkt den Darm und das
   Immunsystem durch Brotgetreidesäurebakterien, liefert zudem wertvolle Aminosäuren, Vitamine und Mineralstoffe)

¼ TL Koriander, gemahlen

1 Prise Cayennepfeffer

½ TL Curry

So geht's:

1   Die Linsen mit kochendem Wasser übergießen und etwa ½ Stunde quellen lassen.

2   Die Nudeln in kochendem Salzwasser mit
dem Sojaöl und der Chilischote etwa 10 Minuten bissfest garen. In den letzten 5 Minuten die abgetropften Provencal-Linsen mitkochen lassen. Abgießen, mit kaltem Wasser
abschrecken und abtropfen lassen. Chili
entfernen.

3   Die Gurken in Scheiben schneiden und
die Maiskörner abtropfen lassen. Den Curry-
Würztofu in Würfel schneiden.

4   Die Majonäse, den Sojayogurt und den
Senf mit dem Schneebesen kräftig auf-
schlagen. Den Brottrunk, Koriander,
Cayennepfeffer und Curry dabei unter-
rühren. Die Soße zunächst in einer großen
Schüssel mit den abgetropften Nudeln und
Provencal-Linsen mischen.

5   Die Gurkenscheiben, den Mais und die
Tofuwürfel unter die Nudeln heben. Kurz
durchziehen lassen. Vorm Anrichten noch
einmal abschmecken.

Zubereitung: 30 Minuten
Quellzeit: 1 Stunde

Wirsing mit Pfifferlingsrahm

Für 4 Portionen:

200 g Pfifferlinge
½ Kopf Wirsing
1 Zwiebel
2 EL Sojaöl
300 ml Sojasahne
Salz, Pfeffer
1–2 TL Dijonsenf
2 TL Hanfsamen, geschält (verleihen ein besonders nussiges Aroma und versorgen mit wertvollen ungesättigten Fettsäuren, Vitamin E und Eiweiß)
2 EL Enzym-Fermentgetreide (liefert Ballaststoffe und sichert die Versorgung mit Vitamin B12 und Folsäure sowie Mineralstoffen, u. a. Calcium und Magnesium)

So geht's:

1   Die Pfifferlinge abbürsten und je nach Größe halbieren oder vierteln. Den Wirsing in Streifen schneiden. Die Zwiebel würfeln.

2   Das Sojaöl erhitzen und die Zwiebel darin goldgelb andünsten. Den Wirsing zugeben und unter Rühren mit andünsten. Die Pfifferlinge zufügen und etwa 5 Minuten unter Rühren mitdünsten.

3   Die Sojasahne zugießen. Mit Salz, Pfeffer und Senf abschmecken und zugedeckt etwa 20 Minuten garen. Zum Schluss die Hanfsamen und das Enzym-Fermentgetreide unterrühren. Dazu schmecken Pellkartoffeln oder Vollkornreis und Bouletten.

Zubereitung: 30 Minuten

TIPP: Für dieses Gericht können Sie außerhalb der Pilzzeit auch getrocknete Pilze verwenden. Beachten Sie dann jedoch die Einweichzeit der getrockneten Ware von ungefähr 20 Minuten.

Gemüseragout mit Kerbelrahm

Für 4 Portionen:

200 g Zuckerschoten
3 Kohlrabi
600 ml Gemüsebrühe
2 EL Sojamargarine
2 EL Sojamehl
250 ml Sojadrink
Salz
Pfeffer
2 EL Sojasoße
200 g Erbsen (tief gekühlt oder frisch gepahlt)
1 Handvoll Kerbel

So geht's:

1   Die Zuckerschoten entfädeln. Die Kohlrabi schälen. Zunächst in Scheiben und dann in gleichmäßige Stifte schneiden.

2   Die Brühe aufkochen lassen. Den Kohlrabi darin etwa 10 Minuten garen. Die Zuckerschoten nach 5 Minuten zugeben. Gemüse herausheben und beiseitestellen. Die Brühe in einem Messbecher aufheben.

3   Die Sojamargarine schmelzen lassen, dabei aber nicht bräunen. Das Sojamehl einrühren. Die Brühe und den Sojadrink einrühren und unter Rühren einmal aufkochen lassen. Mit Salz, Pfeffer und Sojasoße kräftig abschmecken.

4   Zuckerschoten, Kohlrabi und die Erbsen zugeben und etwa 8 Minuten köcheln lassen. Den Kerbel hacken und darüberstreuen. Dazu passen Reis oder Kartoffeln.

Zubereitung: 40 Minuten

Paprika-Antipasti mit Basilikum-Tofu

Für 4 Portionen:
je 1 rote, gelbe, grüne und orange
   Paprikaschote
2 Knoblauchzehen
2 Stiele Thymian
5 EL Olivenöl (z. B. aus Kalmata)
Salz
Pfeffer
200 g Basilikum-Tofu
2 EL Balsamico-Essig

So geht's:
1 Die Paprikaschoten auf ein Backblech legen und im heißen Backofen bei 200 °C so lange garen, bis die Haut beginnt, schwarz zu werden und Blasen schlägt.

2 Die Paprikaschoten vorsichtig aus dem Ofen nehmen, auf ein Küchenbrett legen und ein leicht angefeuchtetes Geschirrtuch darüber ausbreiten.

3 Nach etwa 5 Minuten das Tuch entfernen und die Haut der Paprikaschoten mit einem scharfen Küchenmesser abziehen. Die Paprikaschoten längs in Achtel schneiden (die Kerne dabei entfernen) und auf einer Platte anrichten (die Flüssigkeit dabei aufbewahren).

4 Die Knoblauchzehen in Scheiben schneiden. Die Thymianblättchen von den Stielen abzupfen. Beides in 1 EL Olivenöl goldgelb anrösten. Auf den Paprikaschoten verteilen und mit Salz und Pfeffer würzen.

5 Den Tofu in Scheiben schneiden und zu den Paprika geben. Mit restlichem Olivenöl, der Garflüssigkeit der Paprikaschoten und dem Balsamoco-Essig beträufeln und durchziehen lassen. Dazu schmeckt Ciabatta.

Zubereitung: 45 Minuten

Süßkartoffeln mit Basilikum

Für 4 Portionen:
750 g Süßkartoffeln (Bataten)
½ TL Kreuzkümmel
½ TL Korianderkörner
1 EL Red Palm Öl
200 g Natur-Tofu
Salz
Pfeffer
1 TL Curry
¼ TL Bockshornklee, gemahlen
5 Stiele Basilikum

So geht's:
1 Die Süßkartoffeln gründlich waschen, schälen und in gleichmäßige Scheiben schneiden.

2 Kreuzkümmel und Koriander im Mörser zerstoßen. In einer weiten Pfanne im Palm Öl unter Rühren rösten, bis die Gewürze zu duften beginnen. Die Süßkartoffelscheiben zugeben und unter gelegentlichem Wenden scharf anbraten.

3 Etwas Wasser zugeben und mit geschlossenem Deckel bei mittlerer Hitze etwa 15 Minuten garen. Den Tofu in Scheiben schneiden und auf die Batatenscheiben legen. Mit Salz, Pfeffer, Curry und Bockshornklee abschmecken. Die Basilikumblättchen in Streifen scheiden und vorm Servieren über die Süßkartoffeln streuen.

Zubereitung: 35 Minuten

Tofu-Päckchen

Für 4 Portionen:
1 Stange Porree (Lauch)
1–2 große Möhren
1 große Zucchini
200 g Natur-Tofu
4 EL Sojasoße
½ TL Wasabi
2 EL schwarzes Sesamöl
grob gemahlener Pfeffer
Chiliflocken
10 lange Schnittlauchhalme

So geht's:

1 Vom Porree 6 große grüne Blätter ablösen und gründlich waschen. Die Möhre schälen und längs 8 dünne Scheiben abschneiden. Von der Zucchini der Länge nach 2 dünne Scheiben abschneiden.

2 Die Gemüsestreifen im Dampfgarer etwa 10 Minuten dämpfen.

3 Den Tofu in 12 quadratische Scheiben schneiden. Die Sojasoße mit Wasabi und Sesamöl verrühren. Mit Pfeffer und Chiliflocken würzen und auf die Tofuscheiben streichen. Etwa 20 Minuten marinieren.

4 Für die Päckchen jeweils 2 Möhrenscheiben in der Breite der Tofuscheiben nebeneinander legen. 1 Scheibe vom marinierten Tofu darauflegen und einwickeln. Einen Schnittlauchhalm der Länge nach halbieren und das Tofupäckchen damit festbinden.

5 Mit den Porreeblättern, den Zucchinischeiben und dem restlichen Tofu ebenso verfahren. Die Tofu-Päckchen dann im Dampfgarer etwa 8 Minuten garen.

Zubereitung: 20 Minuten
Marinierzeit: 20 Minuten

Tofu-Päckchen

Knusperkartoffeln mit Rosmarin

Für 4 Portionen:
1 kg kleine Kartoffeln
Salz
6 EL Sojaöl
3 TL Rosmarinnadeln
100 g Vegi-Cheese Red Cheddar Style

So geht's:

1 Die Kartoffeln schälen und vierteln. In eine Bratpfanne geben, etwas Wasser angießen, salzen und mit geschlossenem Deckel etwa 20 Minuten garen.

2 In den letzten 5 Minuten den Deckel abnehmen und evtl. noch vorhandenes restliches Wasser verdampfen lassen.

3 Das Sojaöl zugießen und den Rosmarin überstreuen. Die Kartoffeln sanft und unter gelegentlichem Rütteln kross braten.

4 Den Vegi-Cheese in dünne Scheiben hobeln. Auf die Kartoffeln verteilen und mit geschlossenem Deckel ca. 5 Minuten schmelzen lassen.
Schmeckt als Beilage zu Gemüsegerichten oder gefülltem Tofu (siehe Seite 137).

Zubereitung: 30 Minuten

Kartoffelklöße mit Tofu-Tomatenfüllung

Für 4 Portionen:

1 kg festkochende Kartoffeln
4 TL Ei-Ersatz
50 g Weizenmehl (Type 405)
Salz
1 Prise Muskatnuss
50 g Kartoffelmehl
Pfeffer
200 g Natur-Tofu
1 Fleischtomate
5 Stiele Basilikum
½ TL Chiliflocken

So geht's:

1 Die Kartoffeln gründlich abbürsten, waschen und in der Schale ca. 20 Minuten zu Pellkartoffeln kochen. Abgießen, abschrecken, pellen und sofort heiß durch eine Kartoffelpresse drücken.

2 Das Ei-Ersatz mit 80 ml Wasser glatt rühren und zu der Kartoffelmasse geben. Das Mehl, etwa 1 TL Salz, Muskatnuss und das Kartoffelmehl zugeben und glatt verkneten. Kräftig abschmecken. Eine Rolle formen, in 12 gleich große Teile teilen und zu gleichmäßigen Klößen formen.

3 Den Tofu in 24 Würfel schneiden. Die Tomate an der Oberseite kreuzweise einschneiden, überbrühen, enthäuten, entkernen und das Fruchtfleisch in Würfel schneiden. Die Basilikumblättchen in Streifen schneiden. Den Tofu, die Tomatenwürfel und das Basilikum mischen und mit Salz und Chiliflocken würzen.

TIPP: Die Klöße sind eine sättigende Beilage zu gefülltem Brattofu oder Gemüsegerichten. Auch als Resteverwertung sind Klöße ideal, denn Sie können sie auch aus Pellkartoffeln vom Vortag zubereiten. Dann pellen Sie einfach die kalten Kartoffeln und reiben Sie auf der Haushaltsreibe. Anschließend verfahren Sie wie oben im Rezept beschrieben. Ohne Füllung besonders würzig werden die Klöße, wenn Sie ca. 100 g geriebenen Meerrettich unter die Kartoffelmasse kneten.

4 Die Tofu-Tomatenfüllung in die Mitte der Klöße geben und diese mit bemehlten Händen rund formen. Anschließend in ein wenig Mehl wenden.

5 In einem weiten Topf 2 l Wasser mit 2 TL Salz aufkochen lassen. Die Klöße zugeben, den Deckel etwas öffnen und die Klöße 10–15 Minuten gar ziehen lassen, dabei aber nicht mehr sprudelnd kochen lassen, da die Klöße sonst zerfallen. Wenn die Klöße an die Oberfläche aufsteigen, sind sie gar.

Zubereitung: 60 Minuten

Ratatouille

je 1 große rote und gelbe Paprikaschote
1 Aubergine
1 Zucchini
2 Zwiebeln
3 Knoblauchzehen
3 EL Olivenöl (z. B. aus Kalamata)
1 kleine Dose (400 g) geschälte
**   Cocktailtomaten**
3 Stiele Thymian
1 Stiel Rosmarin
1 Lorbeerblatt
200 g Kräuter-Tofu
Salz, Pfeffer
Saft von ½ Zitrone

So geht's:

1 Die Paprikaschoten in große Würfel schneiden. Die Aubergine der Länge nach vierteln und in dickere Scheiben schneiden. Die Zucchini halbieren und in dicke Scheiben schneiden.

2 Die Zwiebeln und die Knoblauchzehen würfeln und im Olivenöl goldgelb andünsten. Das vorbereitete Gemüse nach und nach portionsweise zugeben und unter Rühren kräftig anbraten.

3 Die Cocktailtomaten, Thymian, Rosmarin und Lorbeer zufügen, aufkochen und bei geschlossenem Deckel etwa 20 Minuten sanft köcheln lassen.

4 Den Kräuter-Tofu in große Würfel schneiden. Zum Ratatouille geben und in den letzten 5 Minuten mit erhitzen. Die Kräuter entfernen und das Ratatouille mit Salz, Pfeffer und Zitronensaft abschmecken. Dazu schmecken Reis und knuspriges Baguette oder auch Penne Rigate.

Zubereitung: 40 Minuten

Gebratener Spitzkohl mit Pellkartoffeln

Für 4 Portionen:
750 g kleine Kartoffeln
1 Spitzkohl
2 EL Sojaöl
3 kleine Tomaten
200 g Natur-Tofu
2 TL Kreuzkümmel, gemahlen
Salz
Pfeffer
4 EL Paniermehl
1 EL Sojamargarine

So geht's:

1 Die Kartoffeln gründlich abbürsten, waschen und in der Schale etwa 20 Minuten zu Pellkartoffeln kochen.

2 Den Spitzkohl längs vierteln. Im heißen Sojaöl rundherum kross anbraten. Spitzkohl herausnehmen und auf eine Platte legen.

3 Die Tomaten und den Tofu würfeln. Kreuzkümmel, Salz, Pfeffer und die Tomaten- und Tofuwürfel ins Bratfett geben und einmal aufkochen. Das Paniermehl und die Sojamargarine unterrühren und auf den Spitzkohl gießen. Mit den Pellkartoffeln auf Tellern anrichten.

Zubereitung: 30 Minuten

Tofu-Tatar auf Wildkräutersalat mit Johannisbeer-Vinaigrette

Für 4 Portionen:

3 EL Provencal-Linsen
2 große Fleischtomaten
100 g Natur-Tofu
2 Schalotten
2 Stiele Majoran
Salz
Pfeffer
1 EL Balsamico-Essig
1 TL Ahornsirup
100 g gemischte Wildkräuter und Salat-
    blätter (z. B. Sauerampfer, Giersch,
    Gundermann, Rucola, Feldsalat oder
    Bärlauch – je nach Jahreszeit)
50 g rote Johannisbeeren
2 EL Olivenöl (z. B. aus Kalamata)
1 EL Traubenkernöl
1 Prise Rohrzucker
einige Blüten (z. B. Stiefmütterchen,
    Borretsch oder Kapuzinerkresse)

So geht's:

1   Die Provencal-Linsen in kochendes Wasser geben, etwa 10 Minuten köcheln lassen.

2   Die Fleischtomaten halbieren, entkernen und das Fruchtfleisch würfeln. Den Natur-Tofu ebenfalls in Würfel schneiden. Die Schalotten hacken und die Majoranblättchen in dünne Streifen schneiden.

3   Die Linsen abgießen. Mit dem Tofu, den Tomatenwürfeln, den Schalotten und den Majoranstreifen mischen und fein zerhacken oder grob pürieren. Mit Salz, Pfeffer, Balsamico-Essig und Ahornsirup würzen.

4   Vier Portionsförmchen mit Frischhaltefolie auslegen und das Tofu-Tatar fest hineindrücken. Auf Salatteller stürzen.

5   Die Salatblätter oder Wildkräuter gründlich waschen, trocken schütteln und je nach Größe grob zerhacken, zerteilen oder in Streifen schneiden.

6   Die Johannisbeeren mit einer Gabel zerdrücken. Das Olivenöl und das Traubenkernöl unterrühren. Mit Salz, Pfeffer und Rohrzucker abschmecken. Mit den Salatblättern mischen und zum Tofu-Tatar anrichten. Mit den Blüten garniert servieren.
Dazu passt knuspriges Baguette-Brot.

Zubereitung: 45 Minuten

Kartoffelpüree mit Sojaöl

Für 4 Portionen:

1 kg mehlig kochende Kartoffeln
Salz
4 EL Sojaöl
125 ml Sojacreme (zum Kochen)
geriebene Muskatnuss

So geht's:

1   Die Kartoffeln schälen und in Salzwasser etwa 20 Minuten kochen. Abgießen und mit dem Kartoffelstampfer zermusen.

2   Beim Stampfen der Kartoffeln das Sojaöl und die Sojacreme nach und nach unterarbeiten und das Püree mit Salz und Muskat abschmecken.

Zubereitung: 30 Minuten

TIPP: Kartoffelpüree ist eine schnell gemachte Beilage zu knackigem Gemüse, gebratenen Tofuscheiben, Geschnetzeltem oder auch zu gebratenen Tofuwürstchen. Sie können es schnell variieren. Den gesundheitlichen Wert erhöhen Sie zudem, indem Sie beim Stampfen 1–2 EL Enzym-Fermentgetreide oder Erdmandel-Flocken unterarbeiten.

Variation mit Brokkoli und Mandeln:

Ersetzen Sie 400 g Kartoffeln durch Brokkoli und kochen sie diesen (in Röschen geschnitten) in den letzten 10 Minuten zusammen mit den Kartoffeln. Zerstampfen Sie das Püree nur grob und arbeiten Sie 2 EL Sojamargarine und etwa 100 ml Sojadrink mit Calcium unter. Mit Salz und Pfeffer würzen. 3 EL Mandelblättchen in einer Pfanne ohne Fettzugabe goldbraun rösten und zum Servieren über das Kartoffel-Brokkoli-Püree streuen.

Variation mit Sellerie und Meerrettich:

Ersetzen Sie 300 g Kartoffeln durch Knollensellerie und verarbeiten diesen dann wie in Rezept Variation mit Brokkoli und Mandeln beschrieben. Die Mandelblättchen lassen Sie weg, dafür streuen Sie zum Servieren frisch geriebenen Meerrettich über das Kartoffel-Sellerie-Püree.

Variation mit Erbsen und Pesto:

Kochen Sie 800 g Kartoffeln wie im Rezept links beschrieben. Parallel dünsten oder dämpfen Sie 250 g Erbsen (frisch oder tiefgekühlt). Die Kartoffeln stampfen und dabei 3 EL Sojamargarine, 1 EL Sojasoße und 5 EL Pesto (Rezept siehe Seite 56) unterarbeiten. Die Erbsen zugeben und nur grob zermusen. Mit Salz und Pfeffer abschmecken.

Blumenkohl kross und knusprig

Für 4 Portionen:

1 Blumenkohl
Salz
2 EL ungeschälte Sesamsaat
2 TL gemahlenen Koriander
2 TL Curry
3 EL Sojaöl
250 ml Sojacreme (zum Kochen)
200 g Vegi-Cheese Mozzarella

So geht's:

1 Den Blumenkohl putzen und etwa 10 Minuten in Salzwasser ziehen lassen. Anschließend in reichlich kochendes Salzwasser geben und etwa 15 Minuten kochen. Den Kohl aus dem Kochwasser heben, gut abtropfen lassen, vierteln und in dickere, gleichmäßige Scheiben schneiden.

2 Die Sesamsaat zusammen mit Koriander und Curry in einer weiten Pfanne unter Rühren anrösten. Das Öl zugeben, erhitzen und die Blumenkohlscheiben darin von jeder Seite etwa 1 Minute kross anbraten.

3 Die Blumenkohlscheiben aus der Pfanne heben und warm stellen. Die Sojacreme in das Bratfett einrühren, aufkochen lassen und etwa 5 Minuten unter Rühren reduzieren. Vegi-Cheese reiben, einrühren und mit Salz und Curry abschmecken. Auf die Blumenkohlscheiben geben. Dazu passt Vollkorn- oder Basmatireis.

TIPP: Heben Sie das Kochwasser vom Blumenkohl für eine Blumenkohlsuppe auf. Auch die kleinen Stückchen, die sich nicht zum Braten eignen, können Sie prima weiterverwenden. Die Blumenkohlsuppe geht folgendermaßen: In einem kleinen Topf 2 EL Sojamargarine erhitzen, aber nicht bräunen lassen. 4 EL Sojamehl zugeben und unter ständigem Rühren mit erhitzen. 750 ml Blumenkohlwasser nach und nach unter Rühren zugeben, klümpchenfrei mit dem Schneebesen unterschlagen und erwärmen. Den Blumenkohlrest klein hacken, zufügen und die Suppe mit Salz, Pfeffer, Muskat und Sojasoße abschmecken.

Pfannen-gerichte

Knusper-Frikadellen

Für 4 Portionen:

1 Beutel (100 g) Soja-Kost
   nach Hackfleischart
200 ml Gemüsebrühe
1 EL Sojasoße
½ Brötchen
150 ml Sojadrink
1 EL Pfeilwurzelstärke
1 große Zwiebel
1 EL Sojaöl
1 TL Kräutergewürzsalz
¼ TL Pfeffer
40 g Sojamargarine

So geht's:

1   Soja-Kost nach Hackfleischart mit der Gemüsebrühe und der Sojasoße mischen und etwa 10 Minuten quellen lassen. Anschließend evtl. leicht ausdrücken.

2   Das Brötchen im Sojadrink einweichen. Die Pfeilwurzelstärke mit 1 EL kaltem Wasser verrühren und zur Sojamasse geben.

3   Die Zwiebel fein würfeln und im heißen Öl glasig andünsten. Mit Kräutergewürzsalz und Pfeffer zur Sojamasse geben. Das Brötchen ausdrücken und ebenfalls zugegeben. Alles im Mixer gut vermischen und nochmal kräftig abschmecken.

4   Die Sojamargarine in einer Pfanne erhitzen. Aus der Sojamasse Frikadellen formen und von beiden Seiten knusprig goldbraun braten. Dazu schmeckt der Kartoffel-Möhren-Salat von Seite 98.

Zubereitung: 25 Minuten

Soja-Burger satt Bouletten

Frikadellen, Klopse, Klößchen als Einlage, Bouletten oder Hackbraten – das alles geht auch ohne Fleisch. Hochwertiges Sojaeiweiß wird in den verschiedensten Variationen angeboten. Eine Reihe von Produkten ist fast verzehrsfertig. Einweichen ist notwendig, meist im Verhältnis 1:3 und nach etwa 10 Minuten kann weiterverarbeitet werden.

Soja-Schnetzel – fein oder grob – ist ideal als Frikadellenersatz. Sie können die Masse nach dem Ausdrücken auch zu kleinen Bällchen formen und dann als Einlage beispielsweise in der Tomaten-Paprika-Cremesuppe (siehe Rezept Seite 70) etwa 5–10 Minuten zum Schluss mitgaren.

Soja-Kost nach Hackfleischart muss im Verhältnis 1:2 mit Wasser oder Brühe zubereitet werden und braucht 10 Minuten Quellzeit. Sie können das Soja nach dem Ausdrücken weiterverwenden und anbraten für Soßen à la Bolognese mit Tomaten. Zu Spaghetti ein Hit! Auch für Frikadellen oder Hackbratenzubereitung ist es geeignet. Etwas Miso zur Brühe zugegeben verbessert das Aroma.

Soja-Bratlinge ist eine Fertigmischung aus Soja mit Gewürzen verfeinert. Nach dem Einweichen können Sie daraus Bratlinge formen und von beiden Seiten in wenigen Minuten knusprig goldbraun braten. Zur Abwechslung oder zum Verfeinern können Sie fein geschnittene Möhren, Lauchzwiebeln, Porree oder auch Zucchini- und Kartoffelraspel unterarbeiten. Auch rote und gelbe Linsen (vorher 5 Minuten gekocht) können mit verarbeitet werden.

Gemüse-Burger-Fertigmischung besteht je nach Anbieter aus einer Mischung von Gemüse, Getreide und Kräutern. Einfach einweichen, quellen lassen, zu Bratlingen verarbeiten.

Apropos: Wenn auf der Packung angegeben ist, dass Spuren von Milch und Eiern enthalten sein können, so heißt das nur, dass durch die Fabrikation oder Verpackung Spuren aus Nebenproduktionen eventuell nicht vermieden werden konnten. Aber nicht, dass Tierprodukte in dem Produkt verarbeitet wurden.

Gemüsepfanne mit Tofu und Glasnudeln

Für 4 Portionen:

50 g Glasnudeln
100 g Shiitake-Pilze
200 g Zuckerschoten
4 Möhren
300 g Tofu-Rosso
1 Dose (300 g) Bambussprossen in Scheiben
1 Bund Lauchzwiebeln
2 EL Erdnussöl
4 EL Sojasoße
2 TL schwarzes Sesamöl
2 EL geriebene Mandeln
Salz
Pfeffer
2 TL Gomasio (gerösteter Sesam)

So geht's:

1 Die Glasnudeln in eine Schüssel geben, mit kochendem Wasser übergießen und etwa 10 Minuten quellen lassen.

2 Die Shiitake-Pilze je nach Größe halbieren oder vierteln. Die Zuckerschoten entfädeln und in breite Streifen schneiden. Die Möhren erst in etwa 3 cm lange Stücke, dann in Scheiben und anschließend in Stifte, den Tofu in Würfel schneiden. Die Bambussprossen abtropfen lassen.

3 Die Lauchzwiebeln in Ringe schneiden, die grünen Teile in etwa 3 cm lange Stücke schneiden und im Wok oder einer weiten Pfanne in 1 TL Erdnussöl kross braten. Herausnehmen und beiseitestellen.

4 Restliches Öl in den Wok oder die Pfanne geben und darin portionsweise die Shiitake-Pilze, die Möhren und den Tofu braten. Den Bambus und die Zuckerschoten zugeben und kurz mitbraten. Sojasoße, Sesamöl und geriebene Mandeln zugeben, etwa 5 Minuten köcheln lassen.

5 Die Glasnudeln abtropfen lassen und unterheben. Mit Salz und Pfeffer abschmecken und mit Gomasio bestreuen.
Dazu passt Basmati- oder Vollkornreis.

Zubereitung: 35 Minuten

Chinakohlpfanne mit Sojabällchen

Für 4 Portionen:

15 g getrocknete Steinpilze
100 g Soja-Schnetzel, fein
350 ml Gemüsebrühe
1 TL Miso
4 schwarze Oliven ohne Stein (z. B. griechische Kalamata-Oliven)
4 EL Sojaöl
1 Chinakohl
2 Äpfel
Saft von 1 Zitrone
8 Walnusskernhälften
1 große Zwiebel
2 EL Mangomark
2 TL Dijonsenf
250 ml Sojacreme (zum Kochen)
Salz
Pfeffer

So geht's:

1 Die getrockneten Steinpilze klein schneiden und mit dem Soja-Schnetzel in einer Schüssel mischen. Die Brühe aufkochen und zugießen. Das Miso zufügen und alles verrühren. Die Oliven hacken, unterheben und etwa 10 Minuten quellen lassen.

2 Aus der Sojapilzmasse kleine Bällchen formen und in einer weiten Pfanne in 2 EL Sojaöl rundherum kross anbraten. Herausnehmen und beiseite stellen.

3 Den Chinakohl in breite Streifen schneiden. Die Äpfel in Spalten schneiden und sofort mit dem Zitronensaft beträufeln. Die Walnüsse grob hacken.

4 Die Zwiebel in Würfel schneiden und im Bratfett andünsten, restliches Öl dabei zufügen. Den Chinakohl und die Äpfel zugeben. Kurz andünsten. Das Mangomark, den Senf und die Sojacreme einrühren, einmal aufkochen lassen und mit Salz und Pfeffer kräftig abschmecken.

5 Die Sojabällchen zum Chinakohl geben, die Walnüsse überstreuen und mit geschlossenem Deckel etwa 5 Minuten garen. Dazu schmecken Reis und Pellkartoffeln.

Zubereitung: 35 Minuten
Quellzeit: 10 Minuten

Ananas-Reis-Pfanne

Für 4 Portionen:

200 g Parboiled Reis
Salz
2 Baby-Ananas
100 g Tofu-Rosso
100 g Curry-Tofu indisch gewürzt
200 g Zuckerschoten
3 Schalotten
2 Knoblauchzehen
1 walnussgroßes Stück Ingwer
1 Dose (300 g) Bambussprossen in Scheiben
4 EL Sojaöl
100 g Sojasprossen
1 rote Chilischote
4 EL Sojasoße
1/8 l Gemüsebrühe
2 TL schwarzes Sesamöl
Salz
Pfeffer

So geht's:

1 Den Reis in die 2,5-fache Menge kochendes Salzwasser geben, aufwallen lassen, einmal umrühren und auf kleiner Stufe mit geschlossenem Deckel 20 Minuten ausquellen lassen. Den Reis abgießen, abtropfen und auskühlen lassen.

2 Die Ananas einmal der Länge nach halbieren. Das Fruchtfleisch mit einem Löffel herauslösen, in Würfel schneiden. Dabei den inneren harten Strunk entfernen.

3 Den Tofu in Würfel schneiden, die Zuckerschoten entfädeln. Die Schalotten und den Knoblauch würfeln. Den Ingwer schälen und sehr fein würfeln. Die Bambussprossen abtropfen lassen.

4 Das Sojaöl in einer weiten Pfanne oder im Wok erhitzen. Die vorbereiteten Zutaten (ohne Ananas) zugeben und unter Rühren kräftig anbraten.

5 Den Reis und die Sojasprossen zufügen und mitbraten. Die Chilischote in Scheiben schneiden (dabei entkernen) und darüberstreuen. Die Sojasoße, die Brühe und das Sesamöl zugeben und mit Salz und Pfeffer abschmecken. Zum Schluss die Ananaswürfel unterheben.

Zubereitung: 45 Minuten

TIPP: Besonders aromatisch wird dieses Gericht, wenn Sie es nach dem Garen in die ausgehöhlten Ananashälften füllen und bei 180 Grad im Backofen 5–10 Minuten durchwärmen. So nimmt das Gericht noch mehr das Ananasaroma auf und wird ausgesprochen saftig.

Asia-Nudelpfanne mit Koriander

Für 4 Portionen:

500 g Sojaspaghetti ohne Ei
Salz
200 g Zuckerschoten
1 grüne Paprikaschote
1 Bund Lauchzwiebeln
1 walnussgroßes Stück Ingwer
200 g Natur-Tofu
1 Knoblauchzehe
3 TL Sojaöl
2 EL Sojasoße
2 EL schwarzes Sesamöl
1 Handvoll Koriander
5 EL Cashewkerne
Pfeffer

So geht's:

1   Die Sojaspaghetti in kochendem Salzwasser 8–10 Minuten bissfest kochen. Anschließend abgießen und abtropfen lassen.

2   Die Zuckerschoten entfädeln und quer halbieren. Die Paprika in Streifen schneiden. Die Lauchzwiebeln in etwa 3 cm lange Stücke schneiden. Den Ingwer schälen und fein würfeln. Den Tofu in breite Streifen schneiden.

3   Den Knoblauch würfeln und im heißen Öl andünsten. Lauchzwiebeln, Paprika und die Zuckerschoten zugeben und unter Rühren anbraten. Ingwer, Sojasoße und das Sesamöl unterrühren. Den Tofu zugeben und etwa 5 Minuten garen.

4   Die Korianderblättchen und die Cashewkerne hacken. Zusammen mit den Sojaspaghetti unter die Tofu-Gemüsepfanne heben und kräftig abschmecken.

Zubereitung: 20 Minuten

Kartoffel-Pilz-Pfanne

Für 4 Portionen:

500 g Kartoffeln
Salz
500 g Pilze (z. B. Waldpilze oder Kräuterseitlinge und Champignons)
2 Knoblauchzehen
1 Bund Lauchzwiebeln
200 g Kräuter-Tofu
3 EL Sojaöl
125 ml Weißwein
Pfeffer
1 Bund glatte Petersilie

So geht's:

1   Die Kartoffen schälen, in Spalten schneiden und in Salzwasser ca. 20 Minuten kochen. Dann abgießen und abtropfen lassen.

2   Die Pilze gründlich abbürsten und je nach Größe halbieren oder vierteln. Die Knoblauchzehen durchpressen. Das Weiße der Lauchzwiebeln in Ringe und das Grün in etwa 3 cm lange Stücke schneiden. Den Kräuter-Tofu in Würfel schneiden.

3   Die Pilze, den Knoblauch und die Lauchzwiebeln im heißen Sojaöl anbraten. Die Kartoffelspalten und den Tofu dazugeben.

4   Den Wein angießen, mit Salz und Pfeffer würzen und mit geschlossenem Deckel etwa 10 Minuten garen. Die Petersilie hacken und zum Schluss darüberstreuen.

Zubereitung: 30 Minuten

Schmorgurken mit Rosmarinreis

Für 4 Portionen:

200 g Naturreis

Salz

2 Stiele getrockneter Rosmarin

300 ml Gemüsebrühe

1 TL Miso

100 g Soja-Schnetzel, fein

2 Schmorgurken

5 EL Haselnusskerne

3 EL Sojaöl

5 getrocknete Tomaten

2 EL Tomatenmark

10 Kirschtomaten

6 EL Soja-Flocken, zart (sie sind schnell löslich, bringen so ein Mehr an essenziellen Fettsäuren und verbessern das Aminosäurespektrum der Mahlzeit)

2 EL Enzym-Fermentgetreide (liefert Ballaststoffe und sichert die Versorgung mit Vitamin B12 und Folsäure sowie Mineralstoffen, u. a. Calcium und Magnesium)

Pfeffer

So geht's:

1 Den Reis in reichlich kochendes Salzwasser geben. Die Rosmarinstiele zufügen und 35–40 Minuten bissfest köcheln lassen.

2 Die Gemüsebrühe einmal aufkochen. Miso unterrühren und mit dem Soja-Schnetzel in einer Schüssel mischen. Etwa 10 Minuten quellen lassen.

3 Die Schmorgurken einmal der Länge nach halbieren und die Kerne mit einem Löffel herauskratzen. Die Haselnüsse hacken.

4 Das Soja-Schnetzel evtl. etwas ausdrücken. Dann in 2 EL Sojaöl in einer weiten Pfanne kräftig anbraten. Die getrockneten Tomaten in Streifen schneiden und zusammen mit den Haselnüssen zufügen. Das Tomatenmark und die Kirschtomaten zum Soja-Schnetzel geben. Kurz mit erhitzen. Die Soja-Flocken und das Enzym-Fermentgetreide unterrühren und mit Salz und Pfeffer würzen.

5 Die Sojamasse in die ausgehöhlten Schmorgurken füllen. Die Schmorgurken in die Pfanne geben und anschmoren lassen. 5–6 EL Wasser zugeben und mit geschlossenem Deckel etwa 20 Minuten schmoren lassen. Die Schmorgurken und den abgetropften Reis mit etwas Garsud anrichten.

Zubereitung: 50 Minuten

Möhren-Kartoffel-Bratlinge

Für 4 Portionen:

2 Lauchzwiebeln
3 Möhren
300 g Kartoffeln
2 Knoblauchzehen
2 EL Sojamargarine
2 TL Ei-Ersatz
3 EL Soja-Kost nach Hackfleischart
Salz
Pfeffer
½ TL Majoran
½ Bund glatte Petersilie
4 EL Kokosfett
6 EL Paniermehl

So geht's:

1 Die Lauchzwiebeln in feine Ringe schneiden und die Möhren raspeln. Die Kartoffeln schälen und raspeln. Den Knoblauch durch die Knoblauchpresse drücken. Alles in einer Schüssel vermengen.

2 Ei-Ersatz und 2 EL Wasser mit dem Schneebesen schaumig aufschlagen und zugeben. Soja-Kost nach Hackfleischart ebenfalls zufügen. Unterrühren und mit Salz, Pfeffer und Majoran würzen. Petersilie hacken und unterheben.

3 Das Kokosfett in einer weiten Pfanne erhitzen. Aus dem Gemüseteig kleine Bratlinge formen, in dem Paniermehl wenden und knusprig goldbraun ausbacken. Dazu schmeckt ein frischer Salat oder die Rohkost mit Sprossen von Seite 96.

Zubereitung: 25 Minuten

Möhren-Champignon-Pfanne mit Sprossen

Für 4 Portionen:

500 g Möhren
1 Bund Lauchzwiebeln
250 g Champignons
100 g Sojasprossen
2 EL Kürbiskerne
3 EL Haselnussblättchen
2 EL Sojaöl
3 EL Sojasoße
Salz
Pfeffer
1 TL Chiliöl

So geht's:

1 Die Möhren in dünne Scheiben und die Lauchzwiebeln in Ringe schneiden. Die Champignons je nach Größe halbieren oder vierteln. Die Sojasprossen abbrausen und in einem Sieb abtropfen lassen.

2 Die Kürbiskerne und die Haselnussblättchen in einer Pfanne ohne Fettzugabe goldbraun rösten. Auf einen Teller schütten und auskühlen lassen.

3 Das Öl in die Pfanne geben und erhitzen. Die Champignons und die Lauchzwiebeln darin abraten. Die Möhren und 3 EL Wasser zugeben und unter Rühren andünsten. Mit Sojasoße, Salz, Pfeffer und Chiliöl würzen und etwa 8 Minuten mit geschlossenem Deckel sanft garen.

4 Die Sojasprossen zugeben und weitere 5 Minuten garen. Abschmecken und zum Schluss die Haselnussblättchen und die Kürbiskerne überstreuen. Dazu schmeckt Reis.

Zubereitung: 40 Minuten

Spargel-Tomaten-Pfanne mit Kerbelsoße

Für 4 Portionen:

2 Schalotten
3 EL Sojaöl
2 EL körniger Senf
500 ml Sojadrink mit Calcium
Salz
Pfeffer
600 g Tomaten
1 kg grüner Spargel
2 Knoblauchzehen
1 Handvoll Kerbel
1 EL Enzym-Fermentgetreide (liefert
Ballaststoffe und sichert die Versorgung mit Vitamin B12 und
Folsäure sowie Mineralstoffen,
u. a. Calcium und Magnesium)
Saft von ½ Zitrone

So geht's:

1 Für die Kerbelsoße die Schalotten in Würfel schneiden und in 1 EL Sojaöl andünsten. Den Senf einrühren und mit dem Sojadrink ablöschen.

2 Aufkochen lassen und mit Salz und Pfeffer würzen. Bei schwacher Hitze auf die Hälfte einkochen lassen.

3 Die Tomaten an der Oberseite kreuzweise einschneiden, mit kochendem Wasser überbrühen und enthäuten. Die Tomaten anschließend halbieren, entkernen und das Fruchtfleisch grob würfeln.

4 Den Spargel am unteren Drittel schälen und die Enden abschneiden. Den Spargel in etwa 3 cm lange Stücke scheiden. Den Knoblauch durch die Knoblauchpresse drücken oder fein hacken.

5 Das restliche Öl in einer weiten Pfanne erhitzen. Den Spargel darin unter Wenden anbraten. Tomaten und Knoblauch zugeben, würzen und mit geschlossenem Deckel etwa 10 Minuten köcheln lassen.

6 Den Kerbel abspülen, grob hacken und in die Soße geben. Mit Salz, Pfeffer, Enzym-Fermentgetreide und dem Zitronensaft abschmecken. Mit dem Spargel anrichten. Dazu schmecken kleine Pellkartoffeln.

Zubereitung: 40 Minuten

Bratgemüse mit Hanfsamen

Für 4 Personen:

200 g geschälter Weizen
1 kleine Dose (400 g) Kichererbsen
Salz
4 Möhren
1 Zucchini
1 rote Paprikaschote
250 g kleine Champignons
1 Zwiebel
4 EL Sojaöl
2 EL Madras Marsala Curry, mittelscharf
Pfeffer
250 ml Gemüsebrühe
200 g Natur-Tofu
2 Lauchzwiebeln
4 TL Hanfsamen, geschält (verleihen ein besonders nussiges Aroma und versorgen mit wertvollen ungesättigten Fettsäuren, Vitamin E und Eiweiß)

So geht's:

1 Den geschälten Weizen in 400 ml kochendes Wasser geben und bei mittlerer Hitze etwa 45 Minuten köcheln lassen.

2 Die Kichererbsen in einem Sieb abtropfen lassen und in den letzten 10 Minuten mit dem geschälten Weizen mitgaren und ganz zum Schluss salzen.

3 Die Möhren in Scheiben schneiden und die Zucchini in dünne Stifte schneiden. Die Paprika grob würfeln und die Champignons je nach Größe halbieren oder vierteln.

4 Die Zwiebel würfeln und in 2 EL Sojaöl andünsten. Die Champignons und das vorbereitete Gemüse zugeben und unter Rühren mit anrösten. Madras Curry einrühren. Mit Salz und Pfeffer würzen. Die Brühe angießen und zugedeckt ca. 10 Minuten garen.

5 Den Tofu würfeln und die Lauchzwiebeln in Ringe schneiden. Beides im restlichen Öl kross braten. Mit dem Bratgemüse mischen und die Hanfsamen unterrühren.

6 Weizen und Kichererbsen abgießen und mit dem Bratgemüse auf Tellern anrichten.

Zubereitung: 45 Minuten

Linsen-Sellerie-Pfanne mit Tofu-Rosso

Für 4 Portionen:
2 Möhren
1 Staude Stangensellerie
2 Schalotten
2 EL Sojaöl
100 g Pardana-Linsen
250 ml Gemüsebrühe
Salz
Pfeffer
½ TL Curry
2 EL weißer Balsamico-Essig
1 Messerspitze Ingwer, gemahlen
1 TL Ahornsirup
200 g Tofu-Rosso

So geht's:

1 Die Möhren würfeln. Den Sellerie in Scheiben schneiden und die grünen Blättchen beiseitelegen.

2 Die Schalotten in Spalten schneiden und im heißen Sojaöl glasig andünsten. Möhren und Sellerie zugeben und mitdünsten. Die Linsen zufügen und die Brühe angießen. Mit Salz, Pfeffer und Curry würzen. Mit geschlossenem Deckel 20–25 Minuten köcheln lassen.

3 Die Linsen mit Balsamico-Essig, Ingwer und Ahornsirup abschmecken. Den Tofu in Scheiben schneiden, auf die Sellerie-Linsen legen und bei geschlossenem Deckel etwa 5 Minuten mit erhitzen.

Zubereitung: 45 Minuten

Zucchini-Feigen-gemüse mit Räuchertofu

Für 4 Portionen:
3 mittelgroße Zucchini
5 getrocknete Tomaten
½ Kopf Radicchio
2 Feigen
200 g Räuchertofu
3 EL Sojaöl
Kräutergewürzsalz
Pfeffer
¼ TL grobes Chilipulver
1 TL Dijonsenf
250 ml Sojacreme (zum Kochen)

So geht's:

1 Die Zucchini in Scheiben schneiden. Die getrockneten Tomaten in Streifen schneiden. Den Radicchio halbieren und ebenfalls in Streifen, die Feigen in gleichmäßige Scheiben schneiden.

2 Den Räuchertofu in Scheiben schneiden und in 1 EL Sojaöl von beiden Seiten braten, herausnehmen und beiseitestellen.

3 Restliches Öl in die Pfanne geben und die Zucchinischeiben zugeben. Mit Kräutergewürzsalz, Pfeffer und Chilipulver würzen und mit geschlossenem Deckel etwa 5 Minuten sanft dünsten.

4 Den Senf und die Sojacreme einrühren, nochmals abschmecken. Die Tofuscheiben, die getrockneten Tomaten, die Radicchiostreifen und die Feigen zugeben und unterheben. Abschmecken und weitere 5 Minuten garen. Dazu schmecken Bulgur oder Vollkornreis.

Zubereitung: 35 Minuten

Tofu-Gemüse-Pfanne

Für 4 Portionen:

400 g Natur-Tofu
2 TL Cayennepfeffer
6 EL Teriyaki-Marinade für Gemüse
2 EL trockener Sherry
500 g Möhren
300 g Austernpilze
1 Dose (300 g) Bambussprossen in Scheiben
2 Lauchzwiebeln
1 walnussgroßes Stück Ingwer
2 Knoblauchzehen
3 EL Erdnussöl
Salz
Pfeffer
½ TL Koriander
1 EL schwarzes Sesamöl

So geht's:

1 Den Tofu in Streifen schneiden, in eine Schüssel geben und mit Cayennepfeffer bestreuen. Die Teriyaki-Marinade und den Sherry über die Tofustreifen träufeln. Etwa 30 Minuten ziehen lassen.

2 Die Möhren zuerst in etwa 3 cm lange Stücke, dann in Scheiben und anschließend in dünne Stifte schneiden.

3 Die Austernpilze je nach Größe halbieren oder vierteln. Die Bambussprossen abtropfen lassen und die Flüssigkeit dabei aufbewahren.

4 Die Lauchzwiebeln in Stücke schneiden. Den Ingwer schälen und in sehr feine Scheiben schneiden. Den Knoblauch ebenfalls in Scheiben schneiden.

5 In einer weiten Pfanne oder im Wok 1 EL Erdnussöl erhitzen. Die Tofustreifen darin kräftig anbraten, herausnehmen und beiseitestellen.

6 Das restliche Öl in die Pfanne oder den Wok geben. Die Möhren und die Austernpilze zufügen und anbraten. Den Ingwer und den Knoblauch zugeben und mitbraten.

7 Die Lauchzwiebeln und die Bambussprossen in die Pfanne geben und unter Wenden mit anbraten. Mit Salz, Pfeffer, Koriander und Sesamöl abschmecken.

8 Die Tofustreifen hinzufügen und etwa 5 Minuten weitergaren. Dazu schmeckt Basmatireis.

Zubereitung: 35 Minuten
Marinierzeit: 30 Minuten

Kartoffel-Zucchini-Rösti mit Tofucreme

Für 4 Portionen:

1 kg festkochende Kartoffeln
2 Schalotten
1 große Zucchini
100 g Kräuter-Tofu
8–10 EL Soja-Flocken, zart (sie sind schnell löslich, bringen so ein Mehr an essenziellen Fettsäuren und verbessern das Aminosäurespektrum der Mahlzeit)
Salz, Pfeffer
½ TL Chiliflocken
Kokosfett zum Braten
125 g Majonäse ohne Ei
50 g Sojayogurt
Cayennepfeffer
½ TL Oregano

So geht's:

1 Die Kartoffeln schälen und raspeln. Die Schalotten würfeln. Die Zucchini raspeln. Alles in einer Schüssel mischen und eventuell gut ausdrücken.

2 Den Tofu mit einer Gabel zerdrücken. Zusammen mit den Sojaflocken unter die Gemüseraspel heben. Mit Salz, Pfeffer und Chiliflocken kräftig würzen.

3 Den Kartoffel-Gemüseteig im heißen Kokosfett portionsweise zu kleinen Rösti knusprig goldbraun ausbacken.

4 Die Majonäse mit den Sojayogurt verschlagen. Mit Salz, Cayennepfeffer und Oregano würzen. Zum Servieren je einen Klacks Tofucreme auf die Rösti setzen.

Zubereitung: 45 Minuten

Kartoffel-Zucchini-Rösti
mit Tofucreme

Cremige Gemüsepfanne mit Tofu

Für 4 Portionen:

2 gelbe Paprikaschoten
250 g Brokkoli
250 g Champignons
200 g Natur-Tofu
3 EL Sojaöl
2 Zwiebeln
Salz
Pfeffer
3 EL Sojasoße
2 EL Bindobin
500 ml Soja-Reis-Drink
2 TL Curry
1 TL Koriander
1 TL Rohrzucker

So geht's:

1 Die Paprikaschoten in Rauten schneiden. Den Brokkoli in Röschen teilen und die Champignons in Scheiben schneiden.

2 Den Tofu in etwa 1 cm große Würfel schneiden und im Öl anbraten. Die Zwiebeln fein hacken, zugeben und mit anbraten.

3 Zunächst die Champignons, dann die Paprika und zum Schluss die Brokkoliröschen zufügen und mitdünsten. Mit Salz, Pfeffer und Sojasoße würzen und mit geschlossenem Deckel etwa 10 Minuten garen.

4 Bindobin überstäuben und den Sojadrink zugießen. Mit Salz, Curry, Koriander und Rohrzucker abschmecken und einmal aufkochen lassen. Dazu passen Basmatireis und Rigatoni-Nudeln.

Zubereitung: 40 Minuten

Tofu-Spieße mit buntem Gemüse

Für 4 Portionen:

200 g Natur-Tofu
1 große rote Paprikaschote
1 kleine Zucchini
4 Lauchzwiebeln
16 kleine Champignons
5 EL Sojasoße
2 EL Erdnussöl
1 EL Ahornsirup
1 getrocknete rote Chilischote
16 lange Holzstäbchen oder Schaschlikspieße

So geht's:

1   Den Tofu in 16 gleichmäßige Würfel schneiden.

2   Das Gemüse putzen. Die Paprikaschote würfeln und die Zucchini in dickere Scheiben schneiden. Von den Lauchzwiebeln die unteren geschlossenen Teile in Stücke schneiden und die grünen Teile in sehr feine Ringe schneiden.

3   Die vorbereiteten Zutaten und die Champignons abwechselnd auf die Spieße aufstecken und auf eine Platte legen.

4   Die Sojasoße mit dem Erdnussöl und dem Ahornsirup verrühren. Die Chilischote hineinbröseln und die grünen Lauchzwiebelringe unterheben.

5   Die Spieße mit der Marinade bestreichen und etwa 30 Minuten marinieren lassen. Dabei zwischendurch öfter wenden.

6   Die Spieße in einer Grillpfanne braten oder in eine Grillschale legen und auf dem heißen Grill etwa 10 Minuten grillen. Dabei öfter wenden und mit der Marinade bestreichen.

Zubereitung: 35 Minuten
Marinierzeit: 30 Minuten

Chinapfanne mit mariniertem Tofu und Keimlingen

Für 4 Portionen:

200 g Natur-Tofu
½ TL Chilipulver
¼ TL Koriander, gemahlen
3 EL Sojasoße
1 EL Schwarzes Sesamöl
150 g Bambussprossen in Scheiben
    (aus der Dose)
150 g Sojabohnen-Keimlinge (aus dem Glas)
2 Möhren
1 Stange Poree (Lauch)
2 EL Sojaöl
150 ml Gemüsebrühe
Salz, Pfeffer
½ TL Ingwer, gemahlen

So geht's:

1   Den Tofu in Scheiben schneiden und auf einen Teller legen. Chilipulver und Koriander daraufstreuen. Mit der Sojasoße und dem Sesamöl beträufeln und etwa 30 Minuten zugedeckt marinieren lassen.

2   Die Bambussprossen und die Keimlinge in einem Sieb abtropfen lassen. Die Möhren in Scheiben und den Lauch in Ringe schneiden.

3   Die Möhren und den Poree im heißen Sojaöl unter Rühren kräftig anbraten. Die Bambussprossen und die Keimlinge zufügen. Die Brühe angießen. Mit Salz, Pfeffer und Ingwer würzen und mit geschlossenem Deckel etwa 5 Minuten garen.

4   Den marinierten Tofu auf das Gemüse legen. Die Marinade zufügen und etwa 5 Minuten garen. Dazu schmeckt Basmatireis.

Zubereitung: 35 Minuten
Marinierzeit: 30 Minuten

Gefüllte Tofutaschen mit Knusperdecke

Für 4 Portionen:

2 Lauchzwiebeln
3 Cocktailtomaten
4 getrocknete Tomaten
3 EL Pfeilwurzelstärke
1 EL mittelscharfer Senf
1 TL Chiliflocken
2 EL Tamari-Sojasoße
abgeriebene Schale von 1 Limette
Salz
Pfeffer
½ TL Oregano
½ altbackenes Brötchen
400 g Natur-Tofu
2 EL Sojaöl

So geht's:

1 Die Lauchzwiebeln in sehr dünne Ringe schneiden. Die Tomaten fein würfeln und die getrockneten Tomaten in feine Streifen schneiden oder hacken.

2 Die Pfeilwurzelstärke mit 5 EL Wasser in einer kleinen Schüssel mischen. Senf, Chiliflocken und Sojasoße unterrühren. Die Lauchzwiebeln und die Tomaten unterheben. Mit Limettenschale, Salz, Pfeffer und Oregano würzen und das Brötchen sehr fein dazu reiben.

3 Den Tofu in ca. 1 cm dicke Scheiben von etwa 2,5 cm x 4 cm Größe schneiden (je nach Form des Tofu). Dann waagerecht in der Mitte eine tiefe Taschen einschneiden, dabei aber nicht ganz durchschneiden.

4 Von der vorbereiteten Masse mit einem kleinen Messer etwas Fülle vorsichtig in die Tasche hineingeben. Die restliche Masse auf die Oberseite der Tofuscheiben verteilen und leicht festdrücken.

5 Das Sojaöl in einer weiten Pfanne erhitzen, die gefüllten Tofutaschen zugeben und mit geschlossenem Deckel bei kleiner Hitze etwa 5 Minuten braten. Dazu passt ein frischer Salat, Mandelreis oder auch das Tomatenbrot von Seite 226.

Zubereitung: 25 Minuten

Paprikapfanne mit Brennnesselreis

Für 4 Portionen:

75 g Brennnesselblätter
  (ersatzweise Blattspinat)
1 große Zwiebel
2 EL Sojaöl
1 TL Galgantwurzel, gemahlen
200 g Basmatireis
Salz
400 g Natur-Tofu
je 2 große rote und orange Paprikaschoten
Pfeffer
Edelsüß-Paprika
6 EL Pipero-Salata oder Ajvar-Creme

So geht's:

1 Die Brennnesselblätter klein hacken, die Zwiebel würfelig schneiden. 1 EL Sojaöl in einem kleinen Topf erhitzen. Galgant, die Zwiebelwürfel und die Brennnesselblätter darin andünsten.

2 Den Basmatireis zugeben und unter Rühren glasig anrösten. 500 ml Wasser angießen, salzen und mit geschlossenem Deckel etwa 20 Minuten ausquellen lassen.

3 Den Tofu in Würfel schneiden. Die Paprikaschoten in Rauten schneiden und im restlichen Sojaöl unter Rühren scharf anbraten. Mit Salz, Pfeffer und Paprikapulver würzen. 3–4 EL Wasser und Pipero-Salata oder Ajvar zugeben und mit geschlossenem Deckel 5 Minuten garen. Tofu zugeben und weitere 5 Minuten garen. Mit dem Brennnesselreis anrichten.

Zubereitung: 30 Minuten

TIPP: Sie können je nach Jahreszeit auch andere Wildkräuter wie Giersch, Löwenzahn oder Gundermann verwenden. Nehmen Sie besonders junge Blättchen, denn die enthalten noch nicht so viele Bitterstoffe und schmecken zart aromatisch.

Grünkern-Soja-Frikadellen mit Gurkengemüse

Für 4 Portionen:

2 Knoblauchzehen
250 ml Gemüsebrühe
1 TL Miso
250 g Grünkernschrot
50 g Soja-Schnetzel, fein
1 große Schmorgurke oder 2 Salatgurken
1 große Zwiebel
4 EL Sojaöl
½ TL Curry
½ TL Koriander
1 Messerspitze Kardamom
250 ml Sojacreme (zum Kochen)
Salz
Pfeffer
2 TL Ei-Ersatz
1 TL Edelsüß-Paprika
½ TL Kreuzkümmel

So geht's:

1 Den Knoblauch durch eine Knoblauchpresse drücken. Mit der Brühe und dem Miso mischen und in einem kleinen Topf aufkochen lassen. Das Grünkernschrot einrühren und mit geschlossenem Deckel etwa 20 Minuten quellen lassen. Nach 10 Minuten das Soja-Schnetzel unterheben. Zwischendurch gelegentlich umrühren.

2 Für das Gurkengemüse die Schmorgurke oder die Salatgurken schälen, einmal längs halbieren und mit einem Löffel die Kerne herauslösen. Die Gurken in Stücke schneiden.

3 Die Zwiebel würfeln und in 1 EL Sojaöl glasig andünsten. Die Gurke zugeben und mit andünsten. Curry, Koriander und Kardamom einrühren. Die Sojacreme zugeben, salzen, pfeffern und etwa 10 Minuten dünsten.

4 Ei-Ersatz in 40 ml Wasser aufschlagen. Grünkern und Soja-Schnetzel evtl. etwas ausdrücken. Mit dem Ei-Ersatz mischen. Mit Salz, Pfeffer, Paprikapulver und Kreuzkümmel verrühren.

5 Aus der Grünkern-Soja-Masse mit leicht angefeuchteten Händen 8 Bratlinge formen und im restlichen Sojaöl von beiden Seiten ca. 10 Minuten knusprig ausbacken. Mit dem Gurkengemüse anrichten. Dazu schmecken Kartoffeln oder Vollkornreis.

Zubereitung: 40 Minuten

Tofu süß-sauer mit Ananas und Sprossen

Für 4 Portionen:
400 g Natur-Tofu
3 TL Tofu-Gewürz
5 TL Sojasoße
2 EL Agavendicksaft
2 gelbe Paprikaschoten
500 g Chinakohl
125 g Sojasprossen
1 kleine Dose (400 g) Ananaswürfel
3 EL Sojaöl
Salz, Pfeffer
½ TL Ingwer, gemahlen
5 EL Thai Chili Soße süß sauer

So geht's:
1 Den Tofu in große Würfel schneiden. Mit dem Tofu-Gewürz bestreuen, mit der Sojasoße und dem Agavendicksaft beträufeln. Etwa 30 Minuten marinieren lassen.

2 Die Paprika würfeln und den Chinakohl in breite Streifen schneiden. Die Sojasprossen halbieren und die Ananaswürfel abtropfen lassen, den Saft dabei auffangen.

3 Das Sojaöl in einer weiten Pfanne oder im Wok erhitzen. Die Paprika und den Tofu darin anbraten. Chinakohl, Sprossen und die Ananaswürfel zufügen. Mit Salz, Pfeffer und Ingwer würzen. Die Marinade, den Ananassaft und die Thai Chili Soße einrühren. Mit geschlossenem Deckel etwa 10 Minuten garen. Dazu passen Jasminreis oder Basmatireis besonders gut.

Zubereitung: 25 Minuten
Marinierzeit: 30 Minuten

Fruchtige Sojapfanne mit Bandnudeln

Für 4 Portionen:
500 g breite Bandnudeln, aus Hartweizengrieß ohne Ei
Salz
1 Orange
1 walnussgroßes Stück Ingwer
100 g Zuckerschoten
2 Möhren
1 Zwiebel
2 EL Erdnussöl
2 Knoblauchzehen
100 g Soja-Schnetzel, fein
500 g stückige Tomaten
Salz, Pfeffer

So geht's:
1 Die Bandnudeln in reichlich kochendes Salzwasser geben und 8–10 Minuten bissfest garen. Abgießen und abtropfen lassen.

2 Die Orange einschließlich der weißen Haut dick schälen wie einen Apfel. Die Fruchtfilets zwischen den Trennhäuten herausschneiden und den Saft dabei auffangen.

3 Den Ingwer schälen und hacken. Die Zuckerschoten entfädeln und quer halbieren. Die Möhren in Scheiben schneiden.

4 Die Zwiebel würfeln und im Erdnussöl glasig andünsten. Die Knoblauchzehen dazu pressen. Den Ingwer und die Möhren zugeben und unter Rühren mit andünsten.

5 Das Soja-Schnetzel unterrühren, die stückigen Tomaten zugeben und würzen. Mit geschlossenem Deckel 5 Minuten garen.

6 Die Zuckerschoten und die Orangenfilets mit dem Saft zugeben und weitere 5 Minuten köcheln lassen. Mit den Bandnudeln anrichten.

Zubereitung: 30 Minuten

Zucchinigemüse mit Kartoffeln und Tofucreme

Für 4 Portionen:

30 g gelbe Sojabohnen
100 ml Gemüsebrühe
200 g Kräuter-Tofu
125 ml Sojacreme (zum Kochen)
Salz
¼ TL Chiliflocken
Saft von ½ Limette
800 g kleine Kartoffeln
5 TL Sojaöl
1 große Zucchini
250 g kleine Champignons
5 Schalotten
1 Dose (400 g) stückige Tomaten
Pfeffer
1 TL Kreuzkümmel, gemahlen

So geht's:

1 Die Sojabohnen mit kochendem Wasser übergießen, 30 Minuten quellen lassen und abgießen. In der Brühe etwa 30 Minuten kochen. Abgießen und die Sojabohnen mit dem Schneidstab fein pürieren.

2 Den Tofu zu den Sojabohnen geben und zerdrücken. Sojacreme unterrühren und Salz, Chiliflocken und dem Limettensaft abschmecken. Kalt stellen.

3 Die Kartoffeln gründlich waschen und dann mit der Schale etwa 20 Minuten kochen. Dabei 1 TL Öl zum Kochwasser geben.

4 Die Zucchini längs halbieren und in Scheiben schneiden, die Champignons evtl. halbieren. Die Schalotten längs vierteln.

5 Das restliche Öl in einer weiten Pfanne erhitzen. Die Champignons, die Zucchinischeiben und die Schalotten darin kross anbraten. Die stückigen Tomaten zufügen. Mit Salz, Pfeffer und Kreuzkümmel würzen und etwa 10 Minuten garen. Zusammen mit den Pellkartoffeln und der Tofucreme anrichten.

Zubereitung: 30 Minuten
Quellzeit: 30 Minuten

TIPP: Damit Kartoffeln nicht überkochen, gibt es einen ganz einfachen Trick. Geben Sie etwas Öl ins Kochwasser, so sprudelt es nicht über. Direkt wenn die Kartoffeln aufkochen, auf mittlere Temperatur herunterregeln. Dies gilt für Salzkartoffeln und Pellkartoffeln gleichermaßen.

Kräuterpfannkuchen mit Pilzen

Für 4 Portionen:

125 g Weizenmehl (Type 405)
½ TL Natron
1 TL Weinstein-Backpulver
1 Prise Rohrzucker
Salz
1 Bund Petersilie
1 Bund Schnittlauch
3 TL Ei-Ersatz
250 ml Soja-Drink
250 ml Mineralwasser
250 g braune Champignons
100 g Pfifferlinge
100 g Kräuterseitlinge
200 g Kräuter-Tofu
2 Schalotten
2 Knoblauchzehen
2 EL Olivenöl (z. B. aus Kalamata)
1 TL Chiliflocken
1 TL Koriander, gemahlen
Pfeffer
2 EL Enzym-Fermentgetreide (liefert Ballaststoffe und sichert die Versorgung mit Vitamin B12 und Folsäure sowie Mineralstoffen, u. a. Calcium und Magnesium)
2 EL Sojaöl

So geht's:

1 Das Mehl mit dem Natron, dem Backpulver, dem Rohrzucker und ½ TL Salz mischen. Die Petersilie hacken und den Schnittlauch in feine Röllchen schneiden.

2 Das Ei-Ersatz mit 3 EL Wasser verrühren und mit dem Schneebesen sehr kräftig aufschlagen. Den Soja-Drink nach und nach unterschlagen. Die Mehlmischung und das Mineralwasser dabei ebenfalls nach und nach unterrühren. Etwa 30 Minuten abgedeckt ausquellen lassen.

3 Die Pilze evtl. abbürsten und anschließend klein schneiden. Den Tofu würfeln. Die Schalotten würfeln und den Knoblauch in Scheiben schneiden.

4 Das Olivenöl in einer Pfanne erhitzen. Die Schalotten, den Knoblauch und die Pilze darin anbraten. Mit Chiliflocken, Koriander, Salz und Pfeffer würzen und das Enzym-Fermentgetreide unterrühren. 4 EL Wasser zugeben und mit geschlossenem Deckel etwa 15 Minuten garen.

5 In einer beschichteten Pfanne im heißen Sojaöl nacheinander 4 Pfannkuchen von beiden Seiten goldbraun backen. Die Pilzmischung auf eine Pfannkuchenhälfte geben und die Pfannkuchen zusammenklappen.

Zubereitung: 40 Minuten
Quellzeit: 30 Minuten

Pfannkuchen

Für 4 Portionen:
250 g Weizenmehl (Type 405)
1 TL Natron
2 TL Weinstein-Backpulver
3 EL Rohrzucker
1 Prise Salz
5 TL Ei-Ersatz
250 ml naturtrüber Apfelsaft
450 ml Soja-Reis-Drink
4 TL Sojaöl
Marmelade, Zimt-Zucker oder Nougatcreme zum Bestreichen

So geht's:

1 Das Mehl mit dem Natron, dem Backpulver, dem Rohrzucker und dem Salz mischen.

2 Das Ei-Ersatz mit 5 EL Wasser verrühren
und mit dem Schneebesen sehr kräftig aufschlagen. Den Apfelsaft nach und nach unterschlagen. Die Mehlmischung und den
Soja-Reis-Drink dabei ebenfalls nach und
nach unterrühren. Etwa 30 Minuten abgedeckt ausquellen lassen.

3 In einer beschichteten Pfanne 1 TL Öl
erhitzen und 1 Kelle vom Pfannkuchenteig
hineingeben. Auf mittlerer Hitze von beiden
Seiten knusprig goldbraun backen. Mit dem
restlichen Teig ebenso verfahren. Zum Servieren nach Wunsch mit Marmelade oder
Nougatcreme bestreichen oder mit Zimt-
Zucker bestreuen.

Zubereitung: 30 Minuten
Quellzeit: 30 Minuten

Bunte Grillspieße

Für 4 Portionen:
8 festkochende, sehr kleine Kartoffeln
1 Paket (200 g) vegane Curry-Bratwurst
2 kleine Zwiebeln
Salz
1 TL Curry
1 TL Edelsüß-Paprika
2 EL Sojaöl
Lange Holzstäbchen oder
   Schaschlikspieße

So geht's:

1 Die Kartoffeln sehr gründlich waschen,
etwa 15 Minuten bissfest garen, abschrecken und pellen. Die Holzspieße wässern.

2 Die Curry-Bratwurst aus der Umhüllung
lösen und schräg in je 4 Stücke schneiden.
Die Zwiebeln vierteln und abwechselnd mit
den Kartoffeln und den Wurststücken auf
die Holzspieße stecken.

3 Salz, Curry und Paprikapulver mit dem
Sojaöl verrühren und die Spieße damit einpinseln.

4 Die Spieße in der Grillpfanne oder in
einer Aluschale auf dem heißen Grill von
jeder Seite etwa 5 Minuten grillen. Dazu
schmeckt ein knackiger Salat.

Zubereitung: 25 Minuten

Aus dem Ofen

Teigtaschen mit Tofu-Kräuterfüllung

Für 4 Portionen:

700 g Weizenmehl
1 Würfel Hefe (42 g)
7 EL Olivenöl (z. B. aus Kalamata)
Salz
1 Prise Zucker
3 EL Pfeilwurzelstärke
200 g Kräuter-Tofu
100 g Cashewkerne
1 Knoblauchzehe
1 große Zwiebel
1 Bund Petersilie
3 EL Sojasoße
1 EL Chiliflocken
2 EL Kürbiskernmus
Pfeffer

So geht's:

1   Das Mehl in eine Schüssel geben. In die Mitte eine Mulde drücken und 400 ml handwarmes Wasser hineingeben. Die Hefe hineinbröckeln, 5 EL Öl, 2 TL Salz und den Zucker zufügen und schnell zu einem glatten Hefeteig verkneten.

2   Den Teig zu einer Rolle formen und in 24 gleich große Stücke teilen. Jedes Teigstück zu einem Quadrat (ca. 12 x 12 cm) ausrollen. Nebeneinander gelegt etwa 15 Minuten gehen lassen.

3   In der Zwischenzeit die Pfeilwurzelstärke mit 5 EL Wasser verrühren. Den Tofu zugeben und zerdrücken. Die Cashewkerne, den Knoblauch, die Zwiebel und die Petersilie hacken und zufügen. Sojasoße, Chiliflocken und Kürbiskernmus zugeben. Alles vermischen und mit Salz und Pfeffer würzen.

4   Die Teigplatten mit dem restlichen Olivenöl einpinseln und die Ecken zur Mitte hin einklappen. Die Kräutermischung auf den Teigplatten verteilen und die Ecken zur Mitte hin einklappen. Die Teigtaschen mit dem Olivenöl einpinseln und dann auf ein mit Backpapier belegtes Backblech legen. Auf der obersten Einschubleiste bei 220 °C etwa 15 Minuten backen.

Zubereitung: 40 Minuten
Backzeit: 15 Minuten

Süßkartoffel-Gratin

Für 4 Portionen:
6 große festkochende Kartoffeln
3 große Süßkartoffeln (Bataten)
Salz
Pfeffer
500 ml Sojacreme (zum Kochen)

So geht's:
1 Die Kartoffeln und die Süßkartoffeln zunächst sehr gründlich waschen und abbürsten. Dann schälen und in dünne Scheiben schneiden. Anschließend abwechselnd fächerartig in kleine Auflaufformen einschichten. Dabei jede Lage kräftig mit Salz und Pfeffer würzen.

2 Die Sojacreme über die Kartoffel- und Süßkartoffelscheiben verteilen und auf der mittleren Einschubleiste bei 180 °C etwa 20 Minuten backen.

Zubereitung: 20 Minuten
Backzeit: 20 Minuten

TIPP: Der Kartoffel-Gratin schmeckt besonders gut, wenn Sie die Kartoffeln nach dem Schälen nicht ins Wasser legen. So wird die Stärke aus den Kartoffeln nicht ausgewaschen und gibt Bindung. Dazu ist es wichtig, die Kartoffeln vor dem Schälen sehr gründlich zu reinigen.

Foto Seite 146

Romanesco-Brokkoli-Gratin

Für 4 Portionen:
250 g kurze Makkaroni, aus
    Hartweizengrieß ohne Ei
Salz
1 kleiner Romanesco (alternativ: Blumenkohl)
500 g Brokkoli
2 Tomaten
250 ml Sojacreme (zum Kochen)
2 TL Kürbiskernmus
2 TL Basilikum-Pesto
Pfeffer, ½ TL Chiliflocken
2 TL Enzym-Fermentgetreide (liefert Ballaststoffe und sichert die Versorgung mit Vitamin B12 und Folsäure sowie Mineralstoffen, u. a. Calcium und Magnesium)
100 g Vegi-Cheese Mozzarella
3 TL Kürbiskerne

So geht's:
1 Die Makkaroni in kochendem Salzwasser 8–10 Minuten bissfest kochen, abgießen und abtropfen lassen.

2 Den Romanesco und den Brokkoli in Röschen teilen und in kochendem Salzwasser etwa 5 Minuten blanchieren. Herausheben und abtropfen lassen.

3 Die Makkaroni, den Romanesco und den Brokkoli in eine Auflaufform einschichten. Die Tomaten würfeln und darüberstreuen.

4 Die Sojacreme, das Kürbiskernmus und das Pesto mit einem Schneebesen aufschlagen. Mit Salz, Pfeffer, Chiliflocken und Enzym-Fermentgetreide würzen. Den Vegi-Cheese in feine Stifte schneiden und unterheben.

5 Die Masse über die Nudeln und das Gemüse verteilen. Die Kürbiskerne darüberstreuen und bei 180 °C etwa 30 Minuten backen.

Zubereitung: 30 Minuten
Backzeit: 30 Minuten

Pizza-Törtchen

Für 24 Stück:

1 Hefeteig-Grundrezept – pikant
    (von Seite 215)
1 große Tomate
1 Stange Porree (Lauch)
4 getrocknete Tomaten
200 g Natur-Tofu
1 kleine Dose (185 g) Maiskörner
250 ml Sojacreme (zum Kochen)
Salz
Pfeffer
Edelsüß-Paprika
1 TL Thymian
100 g Vegi-Cheese
5–6 EL Soja-Flocken, zart (sie sind schnell
    löslich, bringen so ein Mehr an essen-
    ziellen Fettsäuren und verbessern das
    Aminosäurespektrum der Mahlzeit)
Muffin-Formen

So geht's:

1   Den Hefeteig wie im Grundrezept auf Seite 215 beschrieben zubereiten. Zu einer Kugel formen und an einem warmen Ort etwa 30 Minuten gehen lassen.

2   Die Tomate an der Oberseite kreuzweise einschneiden, überbrühen, enthäuten und in kleine Würfel schneiden. Den Porree in Ringe schneiden. Die getrockneten Tomaten und den Tofu würfeln. Die Maiskörner ab-tropfen lassen.

3   Die Sojacreme zum Kochen bringen und dabei mit dem Schneebesen kräftig auf-schlagen. Mit Salz, Pfeffer, Paprikapulver und Thymian kräftig würzen. Den Vegi-Cheese raspeln und zugeben. Die Soja-flocken einrühren.

4   Den Hefeteig nochmals durchkneten, in zwei Teile teilen und zur Rolle formen. Jede Teigrolle in 12 Portionen teilen. Die Teigstü-cke flach drücken, evtl. etwas ausrollen und in die Muffinförmchen drücken. Den Teig-rand etwas über den Formrand hochziehen.

5   Die vorbereiteten Gemüsezutaten auf dem Teig verteilen. Die Sojacreme darauf geben. Im Backofen auf der mittleren Ein-schubleiste bei 200 °C etwa 30 Minuten knusprig goldbraun backen.

Zubereitung: 35 Minuten (ohne Wartezeit)
Backzeit: 30 Minuten

Ofen-Gemüse

Für 4 Portionen:
1 kg kleine Kartoffeln
grobes Meersalz
1 große Zucchini
3 Möhren
je 1 rote, gelbe und orange Paprikaschote
1 Fenchelknolle
4 Fleischtomaten
200 g Topinambur
200 g Natur-Tofu
Pfeffer
1 Zweig Rosmarin
5 EL Olivenöl (z. B. aus Kalamata)

So geht's:

1 Die Kartoffeln gründlich abbürsten und waschen. Mit Wasser bedecken, 5 EL Meersalz zugeben und etwa 20 Minuten kochen.

2 Die Zucchini und die Möhren in Scheiben und die Paprika in Rauten schneiden. Die Fenchelknolle und die Tomaten achteln. Die Topinambur gründlich waschen und in Scheiben schneiden.

3 Das vorbereitete Gemüse auf ein Backblech legen. Den Tofu in Würfel schneiden und unterheben. Mit Salz und Pfeffer würzen. Den Rosmarinzweig zufügen. Das Olivenöl darüber träufeln. Im Backofen auf der mittleren Einschubleiste bei 180 °C etwa 20 Minuten garen.

4 Die Kartoffeln abgießen und in der salzigen Pelle auf Teller legen. Das Ofengemüse dazugeben.

Zubereitung: 30 Minuten
Backzeit: 20 Minuten

Champignons mit Kerbel-Erbsen-Creme

Für 4 Portionen:
8 große Riesenchampignons
4 getrocknete Tomaten
2 Lauchzwiebeln
100 g Kräuter-Tofu
1 Handvoll Kerbel
150 g Erbsen (tiefgefroren)
125 ml Sojacreme (zum Kochen)
150 g Brotaufstrich auf Sojabasis
    mit Kräutern (wie Frischkäse)
Salz
Pfeffer
1 TL Tofu-Gewürz
2 TL Enzym-Fermentgetreide (liefert Ballaststoffe und sichert die Versorgung mit Vitamin B12 und Folsäure sowie Mineralstoffen, u. a. Calcium und Magnesium)
2 EL Sojasoße

So geht's:

1 Die Stiele der Champignons herausdrehen und hacken. Die Champignons mit der Stielseite nach oben in eine Auflaufform legen.

2 Die getrockneten Tomaten in Streifen und die Lauchzwiebeln in Ringe schneiden. Den Tofu in kleine Würfel schneiden. Den Kerbel hacken. Alles mit den Erbsen in einer Schüssel vermischen.

3 Die Sojacreme und den Brotaufstrich unterrühren und kräftig mit Salz, Pfeffer, Tofu-Gewürz, Enzym-Fermentgetreide und Sojasoße würzen. In die Champignons füllen und auf der mittleren Einschubleiste bei 200 °C etwa 20 Minuten backen.

Zubereitung: 30 Minuten
Backzeit: 20 Minuten

Gemüsepizza

Für 4 Portionen:
1 Hefeteig-Grundrezept-pikant
    (von Seite 215)
3 rote Zwiebeln
1 kleine Dose (400 g) Artischockenherzen
200 g Kräuter-Tofu
150 g stückige Tomaten
Salz
Pfeffer
2 TL Oregano
½ TL Knoblauchpulver
50 g schwarze Oliven, ohne Stein
200 g Vegi-Cheese

So geht's:

1   Den Hefeteig wie im Grundrezept auf Seite 215 beschrieben zubereiten. Zu einer Kugel formen und an einem warmen Ort etwa 30 Minuten gehen lassen.

2   Die Zwiebeln halbieren und in Scheiben schneiden. Die Artischockenherzen abtropfen lassen und etwas zerpflücken. Den Tofu in kleine Würfel schneiden.

3   Den Hefeteig nochmals durchkneten, in vier Teile teilen und ausrollen (20–25 cm Ø) und auf ein mit Backpapier belegtes Backblech legen. Die stückigen Tomaten mit Salz, Pfeffer, Oregano und Knoblauchpulver würzen und auf die Teigfladen aufstreichen.

4   Die Zwiebeln, die Artischockenherzen und die Tofuwürfel sowie die Oliven auf den Tomaten verteilen. Den Vegi-Cheese grob raspeln und darauf verteilen. Im Backofen auf der oberen Einschubleiste bei 200 °C etwa 20 Minuten knusprig backen.

Zubereitung: 25 Minuten (ohne Wartezeit)
Backzeit: 20 Minuten

Gefüllte Tomaten mit Basilikum-Tofu

Für 4 Portionen:
200 g Grünkern
Salz
1 TL Curry
1 TL Edelsüß-Paprika
8 mittelgroße Tomaten
1 Bund krause Petersilie
250 g Basilikum-Tofu
2 EL Enzym-Fermentgetreide (liefert Ballaststoffe und sichert die Versorgung mit Vitamin B12 und Folsäure sowie Mineralstoffen, u. a. Calcium und Magnesium)
3 EL Soja-Flocken, zart (sie sind schnell löslich, bringen so ein Mehr an essenziellen Fettsäuren und verbessern das Aminosäurespektrum der Mahlzeit)
Pfeffer

So geht's:

1   Den Grünkern in 400 ml kochendes Salzwasser geben, Curry und Paprikapulver zufügen und bei mittlerer Hitze mit geschlossenem Deckel etwa 45 Minuten köcheln lassen.

2   Von den Tomaten einen Deckel abschneiden, die Tomaten aushöhlen und in eine Auflaufform setzen.

3   Das ausgehöhlte Fruchtfleisch würfeln. Die Petersilie hacken und den Tofu würfeln. Alles mischen. Das Enzym-Fermentgetreide und die Soja-Flocken unterrühren. Mit Salz und Pfeffer würzen.

4   Die Masse in die ausgehöhlten Tomaten füllen. Auf der mittleren Einschubleiste bei 180 °C etwa 30 Minuten garen. Grünkern abgießen und mit den gefüllten Tomaten auf Tellern anrichten.

Zubereitung: 50 Minuten
Backzeit: 30 Minuten

Flammkuchen

Für 4 Portionen:

220 g Weizenmehl (Type 405)
2 EL Olivenöl (z. B. aus Kalamata)
Salz
2 rote Zwiebeln
3 Lauchzwiebeln
300 g Soja Cremefine
Pfeffer
Kräutergewürzsalz
1 kleine Dose (185 g) Gemüsemais

So geht's:

1 Das Weizenmehl mit dem Olivenöl und ½ TL Salz in eine Schüssel geben, mit den Knethaken des Handrührgerätes verkneten und anschließend kalt stellen.

2 Die Zwiebeln halbieren und in dünne Scheiben schneiden. Die Lauchzwiebeln in Ringe schneiden. Soja Cremefine mit Salz, Pfeffer und Kräutergewürzsalz kräftig abschmecken und die Maiskörner unterheben.

3 Den Teig auf leicht bemehlter Fläche sehr dünn ausrollen und auf ein mit Backpapier belegtes Backblech legen. Die Soja Cremefine darauf verstreichen. Die roten Zwiebeln und die Lauchzwiebeln darauf verteilen. Auf der obersten Einschubleiste im Backofen bei 250 °C 15–20 Minuten backen.

Zubereitung: 20 Minuten
Wartezeit: 30 Minuten
Backzeit: 15–20 Minuten

TIPP: Flammkuchen ist einfach herzustellen und für jede Gelegenheit passend. Wichtig ist, den Teig dünn auszurollen, damit er richtig schön knusprig wird. Variieren Sie den Belag. Außer Zwiebeln eignet sich jedes kurz gedünstete Gemüse. Doch belegen Sie den Teig nicht zu dick, damit er kross ausbacken kann.

Flammkuchen

Sesam-Kartoffeln mit Tofucreme und Leinöl

Für 4 Portionen:

1 kg kleine Kartoffeln
3 EL Gomasio (gerösteter Sesam)
3 EL grobes Meersalz
3 EL Olivenöl (z. B. aus Kalamata)
300 g Brotaufstrich auf Sojabasis mit Kräutern (wie Frischkäse)
1 EL Leinöl
2 EL Hanfsamen, geschält (verleihen ein besonders nussiges Aroma und versorgen mit wertvollen ungesättigten Fettsäuren, Vitamin E und Eiweiß)
1 TL Knoblauchsalz
Pfeffer
½ TL Bockshornklee, gemahlen
2 Stiele frischer Thymian
3 Lauchzwiebeln

So geht's:

1 Die Kartoffeln gründlich waschen und einmal quer halbieren.

2 Gomasio und grobes Salz mischen. Ein Backblech mit dem Olivenöl bestreichen und das Sesam-Salz darauf verteilen.

3 Die Kartoffeln mit der Schnittfläche nach unten auf das Backblech setzen. Auf der mittleren Einschubleiste bei 200 °C etwa 30 Minuten backen.

4 In der Zwischenzeit den Brotaufstrich auf Sojabasis, das Leinöl und die Hanfsamen verrühren. Mit Knoblauchsalz, Pfeffer, Bockshornklee und Thymianblättchen abschmecken. Die Lauchzwiebeln in Ringe schneiden und unterheben. Mit den Sesam-Kartoffeln anrichten.

Zubereitung: 20 Minuten
Backzeit: 30 Minuten

Blätterteigtaschen mit würzigem Mangold

Für 4 Portionen:

6 Blätterteigplatten
1 Zwiebel
1 EL Olivenöl (z. B. aus Kalamata)
150 g Mangold
1 große Tomate
100 g Maiskörner (aus der Dose)
100 g Natur-Tofu
1 Knoblauchzehe
1 EL Gomasio (gerösteter Sesam)
1 EL gemahlene Mandeln
Salz
Pfeffer
½ TL Bockshornklee
1 TL Chiliflocken
3 TL Ei-Ersatz

So geht's:

1 Die Blätterteigplatten nebeneinander legen und auftauen lassen. Anschließend einmal halbieren, sodass Quadrate entstehen.

2 Die Zwiebel würfeln und im Olivenöl glasig andünsten. Den Mangold klein schneiden. Die Tomate würfeln und beides zur Zwiebel geben und mit andünsten. Die Maiskörner zufügen und mit geschlossenem Deckel 5 Minuten köcheln lassen.

3 Den Tofu in kleine Würfel schneiden und unterheben. Den Knoblauch dazu pressen. Gomasio und die Mandeln unterrühren und mit Salz, Pfeffer, Bockshornklee und Chiliflocken kräftig würzen.

4 Das Ei-Ersatz mit 3 EL Wasser glatt rühren. Mit einem Pinsel auf die Ränder der Blätterteigplatten streichen. Von der Füllung jeweils einen großen Löffel in die Mitte der Teigquadrate geben.

5 Die Blätterteigquadrate zum Dreieck zusammenfalten und die Kanten mit den Fingern fest zusammendrücken. Das restliche Ei-Ersatz auf die Oberfläche aufpinseln. Dann auf ein Backblech legen und bei 200 °C etwa 20 Minuten goldbraun ausbacken.

Zubereitung: 30 Minuten
Backzeit: 20 Minuten

Überbackene Wirsing-Enchiladas

Für 4 Portionen:

4 Maisfladen (Tortilla Wraps)
2 TL Sambal Oelek
2 TL Kürbiskernmus
1 Zwiebel
¼ Wirsingkohl
2 Möhren
100 g Gemüsemais
4 EL Cashewkerne
2 TL Sojaöl
2 EL Rosinen
200 Curry-Tofu indisch gewürzt
Salz
Pfeffer
2 TL Curry
1 TL Chiliflocken
3 EL Sojasoße
2 Tomaten
100 g Paniermehl
4 TL weiche Sojamargarine
5 Stiele Koriander

So geht's:

1 Die Maisfladen übereinander stapeln und in Alufolie einwickeln. Im Backofen bei 180 °C etwa 10 Minuten erhitzen. Dann mit Sambal Oelek und Kürbiskernmus gleichmäßig bestreichen.

2 Die Zwiebel würfeln. Den Wirsing in Streifen und die Möhren in Stifte schneiden. Den Mais in einem Sieb abtropfen lassen. Die Cashewkerne hacken.

3 Das Öl erhitzen und die Zwiebel und den Wirsing darin abdünsten. Den Mais, die Möhren, die Cashewkerne und die Rosinen zugeben und mitdünsten. Den Tofu zerdrücken und unter den Wirsing heben. Mit Salz, Pfeffer, Curry und Chiliflocken würzen. Sojasoße zugeben und einmal aufwallen lassen.

4 Die Maisfladen mit der Wirsingfüllung belegen und fest aufrollen. Dann nebeneinander in eine gefettete quadratische Auflaufform legen.

5 Die Tomaten entkernen und das Fruchtfleisch würfeln. Mit dem Paniermehl und der Sojamargarine vermengen. Die Korianderblättchen hacken und unterheben. Die Mischung auf den Maisfladen verteilen. Auf der mittleren Einschubleiste bei 200 °C etwa 35 Minuten backen.

Zubereitung: 45 Minuten
Backzeit: 35 Minuten

Cassoulet mit Knusper-Tofu

Für 4 Portionen:

75 g gelbe Sojabohnen
2 Zwiebeln
2 Möhren
1 Stange Porree (Lauch)
4 Fleischtomaten
1 Glas (660 g) große Bohnenkerne
3 EL Olivenöl
1 Dose (280 g) Riesenbohnen
   in Tomatensoße
$1/8$ l trockener Rotwein
150 ml Gemüsebrühe
Salz
Pfeffer
2 Lorbeerblätter
1 TL Thymian
3 EL gemahlene Mandeln
1 Bund Petersilie
3 Knoblauchzehen
100 g Paniermehl
4 EL Sojamargarine
200 g Natur-Tofu

So geht's:

1 Die Sojabohnen mit kochendem Wasser übergießen, über Nacht quellen lassen.

2 Die Zwiebeln halbieren und in Scheiben schneiden. Die Möhren in Scheiben und den Porree in Ringe schneiden. Die Tomaten würfeln. Die Bohnenkerne in einem Sieb abtropfen lassen.

3 Das Olivenöl in einem ofenfesten gusseisernen Topf erhitzen. Die Zwiebeln, die Möhren und den Porree zugeben und kräftig anbraten. Die Sojabohnen abtropfen lassen und zusammen mit den Bohnenkernen und den Riesenbohnen zugeben und andünsten.

4 Die Tomaten unterheben. Den Rotwein und die Brühe angießen. Mit Salz und Pfeffer würzen. Lorbeer, Thymian und die Mandeln unterheben und aufkochen lassen. Den Topf auf die mittlere Einschubleiste im Backofen stellen und bei 180 °C etwa 35 Minuten garen.

5 Die Petersilie hacken. Den Knoblauch durchpressen und beides mit dem Paniermehl und der Sojamargarine vermengen. $1/3$ der Masse als Flöckchen auf die Bohnen setzen und weitere 10 Minuten bei 200 °C garen.

6 Die Paniermehlmischung unter das Cassoulet rühren und nochmals $1/3$ der Mischung als Flöckchen auf die Bohnen setzen. Nochmals 10 Minuten weitergaren.

7 Den Tofu in Scheiben schneiden. Mit der restlichen Paniermehlmasse bestreichen. Cassoulet aus dem Ofen nehmen. Die Flöckchen wieder unterrühren. Die Tofuscheiben auf die Bohnen legen, 10 Minuten weitergaren.

Zubereitung: 2 Stunden
Einweichzeit: 12 Stunden

Gefüllte Paprikaschoten

Für 4 Portionen:

300 ml Gemüsebrühe
1 TL Miso
100 g Soja-Schnetzel, fein
4 große Paprikaschoten
1 große Zwiebel
1 rote Chilischote
2 EL Sojaöl
2–3 TL Paprikamark
½ TL Salz
Pfeffer
1 EL Edelsüß-Paprika
¼ TL Rosenpaprika, scharf
500 g stückige Tomaten
6 EL Soja-Flocken, zart (sie sind schnell
   löslich, bringen so ein Mehr an essenziellen Fettsäuren und verbessern das
   Aminosäurespektrum der Mahlzeit)
1 Bund krause Petersilie
2 Knoblauchzehen

So geht's:

1 Die Brühe einmal aufkochen lassen und dann das Miso unterrühren. Soja-Schnetzel einrühren und etwa 10 Minuten ausquellen lassen.

2 Von den Paprikaschoten einen Deckel abschneiden. Die Kerne und inneren Trenn-häute glatt abschneiden und die Paprika-schoten waschen. Dann nebeneinander in eine Auflaufform stellen.

3 Die Zwiebel und die Chili würfeln. Beides im heißen Sojaöl anbraten. Soja-Schnetzel evtl. ausdrücken, zugeben und unter Rühren mit anschmoren.

4 Das Paprikamark einrühren und mit Salz, Pfeffer und Paprikapulver würzen. 100 g stückige Tomaten und die Sojaflocken unterrühren. Die Petersilie hacken und ebenfalls unterrühren. Dann in die Paprika-schoten füllen.

5 Die Knoblauchzehen durchpressen, mit den restlichen stückigen Tomaten mischen, salzen und als Spiegel um die gefüllten Paprikaschoten gießen. Auf der mittleren Einschubleiste bei 180 °C etwa 35 Minuten garen. Dazu schmecken Vollkornreis oder Kartoffeln.

Zubereitung: 40 Minuten
Backzeit: 30 Minuten

Kartoffel-Spargelauflauf mit Tofu und Mangold

Für 4 Portionen:

3 EL rote Linsen
500 g Kartoffeln
je 100 g kleine gelbe und
    rote Kirschtomaten
3 große Mangoldblätter
500 g weißer Spargel
2 EL Sojamargarine
2 TL Ei-Ersatz
250 ml Sojacreme (zum Kochen)
200 g Natur-Tofu
100 g Veggi-Cheese Mozzarella
Salz
Pfeffer
geriebene Muskatnuss
Saft von ½ Zitrone

So geht's:

1 Die roten Linsen mit kochendem Wasser übergießen und 20 Minuten quellen lassen.

2 Die Kartoffeln gründlich abbürsten, waschen und in der Schale etwa 20 Minuten zu Pellkartoffeln kochen. Anschließend pellen und der Länge nach in Spalten schneiden.

3 Die Tomaten mit kochendem Wasser überbrühen und enthäuten. Den Mangold waschen und in breite Streifen schneiden. Kurz im Kartoffelwasser blanchieren und danach abtropfen lassen.

4 Den Spargel schälen und die unteren Enden abschneiden. Den Spargel dann 8 Minuten knapp gar dämpfen und anschließend in etwa 10 cm lange Stücke schneiden.

5 Die Kartoffeln, die Tomaten, den Spargel und den Mangold in eine gefettete Auflaufform einschichten.

6 Ei-Ersatz mit 2 EL Wasser verschlagen. Die Sojacreme, den Tofu, den Veggi-Cheese und Ei-Ersatz im Mixer verquirlen. Kräftig mit Salz, Pfeffer und Muskat würzen. Dann im heißen Wasserbad unter ständigem Rühren dickcremig aufschlagen. Mit Zitronensaft abschmecken und die abgetropften Linsen unterheben.

7 Die Soße über die vorbereiteten Zutaten gießen. Auf der mittleren Einschubleiste im Backofen bei 180 °C etwa 35 Minuten garen.

Zubereitung: 40 Minuten
Backzeit: 35 Minuten

Gratinierter Tofu mit Fenchel

Für 4 Portionen:
400 g Natur-Tofu
2 TL Tofu-Gewürz
4 Fenchelknollen (ca. 1 kg)
5 EL Sojamargarine
2 Knoblauchzehen
2 EL Haselnussblättchen
1 TL Anissamen
50 g Paniermehl
Salz, Pfeffer

So geht's:

1 Den Tofu in Scheiben schneiden, mit dem Tofu-Gewürz bestreuen und beiseitestellen.

2 Die Stängelspitzen und den Wurzelansatz der Fenchelknollen abschneiden. Das feine Grün beiseitelegen. Die Fenchelknollen längs halbieren und in wenig Flüssigkeit mit geschlossenem Deckel etwa 15 Minuten bissfest garen.

3 Eine Gratinform mit 1 EL Sojamargarine ausstreichen. Den Fenchel aus dem Sud heben, in etwa 1 cm breite Scheiben schneiden. Abwechselnd mit dem Tofu fächerartig in die Form legen.

4 Den Knoblauch und die Haselnussblättchen hacken. Die Anissamen im Mörser zerstoßen. 1 EL Sojamargarine erhitzen. Den Knoblauch, die Haselnüsse und den Anis darin rösten und leicht erkalten lassen.

5 Die restliche Sojamargarine und das Paniermehl mit dem Würzknoblauch mischen. In Flöckchen auf den Fenchel und den Tofu setzen. Mit Salz und Pfeffer würzen und im Backofen bei 200 °C etwa 15 Minuten knusprig überbacken.

Zubereitung: 25 Minuten
Backzeit: 15 Minuten

Fruchtig-scharfe Tofu-Päckchen

Für 4 Portionen:
2 Nektarinen
400 g Natur-Tofu
4 schwarze Oliven ohne Stein
1 Bund Lauchzwiebeln
2 große Tomaten
6–8 kleine Pellkartoffeln, bereits gegart
2 EL Pesto Rosso
2 EL gehackte Walnüsse
1 TL Sambal Oelek
2 EL Olivenöl (z. B. aus Kalamata)
2 TL italienische Kräuter
Salz
Pfeffer

So geht's:

1 Die Nektarinen vierteln und in Spalten schneiden. Den Tofu in große Würfel schneiden. Die Oliven halbieren und die Lauchzwiebeln in Ringe schneiden. Die Tomaten entkernen und würfeln und die Pellkartoffeln in Spalten schneiden. Alles in einer Schüssel mischen.

2 Das Pesto mit den Walnüssen, dem Sambal Oelek, dem Olivenöl und den Kräutern verrühren und mit den vorbereiteten Zutaten mischen. Mit Salz und Pfeffer kräftig würzen.

3 Vier Stücke Butterbrotpapier ausbreiten. In die Mitte die vorbereitete Tofumischung verteilen. Das Butterbrotpapier am oberen Ende einschlagen und verschließen und an den Seiten wie einen Bonbon verdrehen.

4 Die Tofu-Päckchen auf ein Backblech legen und im vorgeheizten Backofen bei 200 °C 15–20 Minuten garen.

Zubereitung: 30 Minuten
Backzeit: 15–20 Minuten

Lasagne mit Auberginen und Tofu-Rosso

Für 4 Portionen:

400 ml Gemüsebrühe
200 g Sojakost nach Hackfleischart
Salz
2 TL Oregano
2 Knoblauchzehen
1 kleine Aubergine
2 EL Olivenöl (z. B. aus Kalamata)
200 g Tofu-Rosso
2–3 EL Enzym-Fermentgetreide (liefert Ballaststoffe und sichert die Versorgung mit Vitamin B12 und Folsäure sowie Mineralstoffen, u. a. Calcium und Magnesium)
Pfeffer
1 TL Majoran
Saft von 1 Zitrone
6 Lasagneplatten (ohne Vorkochen), aus Hartweizengrieß ohne Ei
500 g stückige Tomaten

So geht's:

1 Die Brühe aufkochen und in eine Schüssel geben. Sojakost, 1 TL Salz und 1 TL Oregano zugeben. Den Knoblauch dazupressen, vermengen und etwa 10 Minuten quellen lassen.

2 Die Aubergine der Länge nach in dünne Scheiben schneiden und im heißen Olivenöl knusprig braten. Herausnehmen und zum Entfetten auf Küchenpapier legen.

3 Den Tofu in Scheiben schneiden. Sojakost evtl. etwas ausdrücken und mit Enzym-Fermentgetreide, Salz, Pfeffer, Majoran und Zitronensaft abschmecken.

4 In eine quadratische Auflaufform erst die Auberginenscheiben, dann das Sojakost, die Lasagneplatten und den Tofu einschichten. Fortfahren, bis alles verbraucht ist.

5 Die stückigen Tomaten kräftig mit Salz, Pfeffer und restlichem Organo würzen und als letzte Schicht daraufgeben. Auf der mittleren Einschubleiste im Backofen bei 200 °C etwa 40 Minuten backen.

Zubereitung: 30 Minuten
Backzeit: 40 Minuten

TIPP: Sie können die Lasagne schnell variieren, indem Sie andere Gemüse verwenden. Gut eignen sich Spinat, Mangold, Zucchini oder auch Kürbis. Wichtig ist, dass Sie das Gemüse vor dem Einschichten kurz andünsten, dämpfen oder anbraten.

Zwiebelkuchen

Für 4 Portionen:

1 Hefeteig-Grundrezept für Kuchen
   (siehe Seite 220)
1 kg Zwiebeln
4 EL Sojaöl
200 g Räuchertofu
3 EL Ei-Ersatz
250 ml Sojacreme (zum Kochen)
Salz
Pfeffer
1 TL Kümmel

So geht's:

1 Den Hefeteig wie im Grundrezept auf Seite 220 beschrieben zubereiten. Zu einer Kugel formen und an einem warmen Ort etwa 30 Minuten gehen lassen.

2 In der Zwischenzeit die Zwiebeln halbieren und in dünne Scheiben schneiden. Im heißen Sojaöl unter Rühren goldgelb andünsten. Den Tofu in Würfel schneiden und mit anbraten. Ei-Ersatz mit 120 ml Wasser glatt rühren. Mit der Sojacreme, Salz, Pfeffer und Kümmel mischen. Unter die leicht erkalteten Zwiebeln heben.

3 Den Hefeteig ausrollen und auf ein mit Backpapier belegtes Backblech legen. Die Zwiebelmischung darauf verteilen und auf der mittleren Einschubleiste bei 180 °C etwa 35 Minuten backen.

Zubereitung: 35 Minuten
Wartezeit: 30 Minuten
Backzeit: 35 Minuten

Ofenkartoffeln

Für 4 Portionen:

4 große Kartoffeln (à ca. 150 g)
2 Lauchzwiebeln
1 orange Paprikaschote
100 g Natur-Tofu
4 EL Gemüsemais (aus der Dose)
125 ml Sojacreme (zum Kochen)
50 ml Sojadrink
Salz, Pfeffer
3 EL Soja-Flocken, zart (sie sind schnell löslich, bringen so ein Mehr an essenziellen Fettsäuren und verbessern das Aminosäurespektrum der Mahlzeit)

So geht's:

1 Die Kartoffeln gründlich abbürsten, waschen und in der Schale ca. 20 Minuten zu Pellkartoffen kochen. Anschließend vollständig auskühlen lassen.

2 Die Lauchzwiebeln in Ringe schneiden. Die Paprikaschote und den Tofu fein würfeln. Mit den Maiskörnern in eine Schüssel geben.

3 Die Sojacreme und den Sojadrink mit dem Schneebesen kräftig aufschlagen. Mit Salz und Pfeffer würzen und die Sojaflocken unterrühren. Zum Gemüse geben.

4 Die Kartoffeln einmal längs halbieren. Mit einem Löffel vorsichtig aushöhlen, einen Rand dabei stehen lassen und die Kartoffelmasse zum Gemüse geben. Alles verrühren und kräftig abschmecken.

5 Die Kartoffeln in eine Auflaufform oder auf ein Backblech legen. Mit der Kartoffel-Gemüsemischung füllen und auf der mittleren Einschubleiste bei 200 °C etwa 25 Minuten goldgelb überkrusten.

Zubereitung: 40 Minuten
Backzeit: 25 Minuten

Ofenkartoffeln

Cannelloni mit Tofu-Nussfüllung

Für 4 Portionen:

100 g Blattspinat
1 kleine Zwiebel
200 g Natur-Tofu
50 g gehackte Haselnüsse
Salz
Pfeffer
½ TL Chiliflocken
2–3 EL Soja-Flocken, zart (sie sind schnell
  löslich, bringen so ein Mehr an essenziellen Fettsäuren und verbessern das
  Aminosäurespektrum der Mahlzeit)
12 Cannelloni-Röllchen (ohne Vorkochen),
  aus Hartweizengrieß ohne Ei
500 g stückige Tomaten
2 TL italienische Kräuter

So geht's:

1 Den Blattspinat kurz in kochendem Salzwasser blanchieren, ausdrücken und grob
hacken. Die Zwiebel würfeln und den Tofu
grob zerdrücken.

2 Die Haselnüsse unter die vorbereiteten
Zutaten mischen. Mit Salz, Pfeffer und Chiliflocken würzen. Die Soja-Flocken darüberstreuen und untermischen.

3 Die Cannelloni mit der Tofu-Nussmasse
füllen und nebeneinander in eine flache Auf-
lauffform legen. Die stückigen Tomaten mit
Salz und italienischen Kräutern würzen und
zu den Cannelloni in die Form geben. Auf
der mittleren Einschubleiste bei 180 °C etwa
35 Minuten garen.

Zubereitung: 30 Minuten
Backzeit: 35 Minuten

Tipp: Die Cannelloni können Sie schnell
variieren durch verschiedene Gemüsebeiga-
ben. Leckere Kombinationen sind gehackte
Walnüsse und Rosinen mit Tofu oder Kürbis
mit Mandelstiften, Aubergine und Knoblauch. Oder sie verwenden anstelle von Spinat beispielsweise Radicchio oder Endivien.
Wichtig ist, dass Sie das Gemüse auf jeden
Fall kurz garen, anbraten oder blanchieren,
bevor Sie es in die Cannelloni füllen.

Nudelröllchen mit Pilz-Möhren-Füllung

Für 4 Portionen:

200 g Shiitake-Pilze (alternativ: kleine braune Champignons)
100 g Natur-Tofu
2 Möhren
1 Zwiebel
2 EL Olivenöl (z. B. aus Kalamata)
Salz
¼ TL Cayennepfeffer
1 TL orientalische Gewürzmischung
2 EL Soja-Flocken zart (sie sind schnell löslich, bringen so ein Mehr an essenziellen Fettsäuren und verbessern das Aminosäurespektrum der Mahlzeit)
2 EL Enzym-Fermentgetreide (liefert Ballaststoffe und sichert die Versorgung mit Vitamin B12 und Folsäure sowie Mineralstoffen, u. a. Calcium und Magnesium)
2 EL geriebene Mandeln
12 Cannelloni-Röllchen (ohne Vorkochen), aus Hartweizengrieß ohne Ei
500 g stückige Tomaten
Pfeffer
1 TL Edelsüß-Paprika

So geht's:

1 Die Shiitake-Pilze evtl. mit einem Tuch abreiben oder abbürsten und anschließend fein würfeln. Den Tofu zerdrücken und die Möhren grob raspeln.

2 Die Zwiebel würfeln und zusammen mit den Pilzen im heißen Olivenöl anbraten. Die Möhren und den Tofu zugeben. Mit Salz, Cayennepfeffer und orientalischer Würzmischung kräftig abschmecken.

3 Die Soja-Flocken, das Enzym-Fermentgetreide und die Mandeln unterrühren und mithilfe eines Teelöffels in die Cannelloni-Röllchen füllen. Die gefüllten Nudelröllchen in 4 Portionsförmchen oder in eine rechteckige Auflaufform nebeneinander legen.

4 Die stückigen Tomaten mit Salz, Pfeffer und Paprikapulver würzen und darüber verteilen. Auf der mittleren Einschubleiste bei 200 °C etwa 35 Minuten backen.

Zubereitung: 30 Minuten
Backzeit: 35 Minuten

Sattmacher

Pasta Spinata

Für 4 Portionen:
500 g Spaghetti, aus Hartweizengrieß ohne Ei
Salz
3 Knoblauchzehen
300 g Blattspinat
2 EL Sojamargarine
500 ml Gemüsebrühe
1 TL Kräutergewürzsalz
1 große Tomate
200 g Naturtofu
125 ml Sojacreme (zum Kochen)

So geht's:

1 Die Spaghetti in reichlich kochendem Salzwasser 8–10 Minuten bissfest kochen, abgießen und abtropfen lassen.

2 Den Knoblauch durch die Knoblauchpresse drücken. Den Spinat verlesen, waschen und in einen Durchschlag geben.

3 Die Margarine in einer Pfanne erhitzen und den Knoblauch darin leicht bräunen. Den Spinat tropfnass zugeben und die Brühe angießen. Mit Kräutergewürzsalz würzen.

4 Die Tomate und den Tofu in Würfel schneiden, zugeben und unterrühren. Die Sojacreme angießen und alles etwa 5 Minuten köcheln lassen. Mit den abgetropften Spaghetti auf Tellern anrichten.

Zubereitung: 25 Minuten

TIPP: Spinat enthält reichlich sekundäre Pflanzenstoffe, Beta Carotin und Folsäure und stärkt dadurch das Immunsystem. Auch gegen Krebs und erhöhte Cholesterinwerte wirkt Blattspinat und reguliert zudem den Säure-Basen-Haushalt. Allerdings ist Spinat ein Nitratsammler und darf auf keinen Fall überdüngt werden. Am besten kaufen Sie ihn deshalb aus biologischem Anbau.

Pasta Spinata

Dinkelgemüse zu gefülltem Tofu

Für 4 Portionen:
150 g Dinkel
Salz
1 TL Curry
1 TL Edelsüß-Paprika
1 TL Miso
½ Staude Stangensellerie
250 g Kirschtomaten
2 x 200 g Natur-Tofu
2 Knoblauchzehen
1 Handvoll Rucola
1 EL Gomasio (gerösteter Sesam)
2 EL Teriyaki-Soße für Gemüse
2–3 EL Sojaöl

So geht's:

1 Den Dinkel in 350 ml kochendes Salzwasser einrühren. Curry, Paprikapulver und Miso zugeben und mit geschlossenem Deckel bei kleiner Hitze etwa 50–60 Minuten sanft Minuten köcheln lassen.

2 Den Stangensellerie in etwa 1 cm breite Stücke schneiden, die Blätter grob hacken. Nach etwa 45 Minuten Garzeit die Selleriestücke und die Kirschtomaten zum Dinkel geben und unterrühren.

3 Den Tofu erst einmal quer halbieren und dann waagerecht in zwei Scheiben schneiden. In jede Scheibe einmal waagerecht eine Tasche einschneiden.

4 Den Knoblauch durchpressen. Rucola fein hacken. Mit Gomasio und Teriyaki-Soße mischen und vorsichtig in die Tofutaschen stecken. Im heißen Sojaöl von beiden Seiten knusprig goldbraun braten und mit dem Dinkelgemüse anrichten.

Zubereitung: 60 Minuten

Dattel-Sojabällchen mit Tomaten-Couscous

Für 4 Portionen:

450 ml Gemüsebrühe
150 g Soja-Schnetzel, fein
500 g stückige Tomaten
Salz
Pfeffer
1 TL Oregano
125 g Couscous
2 EL Hanfsamen, geschält (verleihen ein besonders nussiges Aroma und versorgen mit wertvollen ungesättigten Fettsäuren, Vitamin E und Eiweiß)
1 Chilischote
150 g getrocknete Datteln
2 Zwiebeln
3 Knoblauchzehen
3 EL Sojaöl
50 g gemahlene Mandeln
3 EL Pfeilwurzelstärke
2 EL Sojasoße
2 TL Oliven-Sprossen-Paste (siehe Seite 47)
abgeriebene Schale von 1 Zitrone
2–3 EL Paniermehl
Salz
Pfeffer

So geht's:

1 Die Brühe einmal aufkochen und dann mit dem Soja-Schnetzel in einer Schüssel vermischen. Etwa 10 Minuten ziehen lassen.

2 Die stückigen Tomaten zum Kochen bringen. Mit Salz, Pfeffer und Oregano würzen und das Couscous einrühren. Mit geschlossenem Deckel bei niedriger Hitze etwa 15 Minuten ausquellen lassen. Die Hanfsamen unterheben.

3 Die Chilischote entkernen und würfeln. Die Datteln sehr fein würfeln. Die Zwiebeln würfeln und den Knoblauch durch die Knoblauchpresse drücken.

4 In einer Pfanne 1 EL Sojaöl erhitzen und die Zwiebel und den Knoblauch darin goldgelb andünsten. Chili, Datteln und die gemahlenen Mandeln zugeben und mit andünsten. In eine Schüssel umfüllen.

5 Die Pfeilwurzelstärke mit 4 EL Wasser und der Sojasoße glatt rühren und zu den Datteln geben. Soja-Schnetzel evtl. etwas ausdrücken, ebenfalls zufügen. Die Oliven-Sprossen-Paste, die Zitronenschale und das Paniermehl unterarbeiten und kräftig mit Salz und Pfeffer würzen.

6 Aus der Dattel-Sojamasse kleine Bällchen formen und im restlichen Sojaöl unter Wenden knusprig goldbraun braten. Mit dem Tomaten-Couscous anrichten.

Zubereitung: 50 Minuten

Scharfe Tomaten-Pasta mit Bärlauch

Für 4 Portionen:

400 g Rigatoni-Penne, aus Hartweizengrieß ohne Ei
Salz
1 walnussgroßes Stück Ingwer
2 Knoblauchzehen
1 rote Chilischote
2 Bund Lauchzwiebeln
200 g Kirschtomaten
4 EL Olivenöl (z. B. aus Kalamata)
Saft von ½ Zitrone
1 EL Ahornsirup
Pfeffer
200 g Natur-Tofu
100 ml Brottrunk (stärkt den Darm und das
   Immunsystem durch Brotgetreidesäurebakterien, liefert zudem wertvolle Aminosäuren, Vitamine und Mineralstoffe)
1 Bund Bärlauch (alternativ: frischer
   Blattspinat)

So geht's:

1 Die Rigatoni-Penne nach Packungsanweisung in reichlich Salzwasser 8–10 Minuten bissfest kochen.

2 In der Zwischenzeit den Ingwer schälen
und hacken. Den Knoblauch durch die
Knoblauchpresse. Die Chili längs einritzen,
entkernen und würfeln. Die Lauchzwiebeln
in Ringe schneiden. Die Kirschtomaten
halbieren.

3 Das Olivenöl in einer Pfanne erhitzen.
Knoblauch, Ingwer und Chili kurz andünsten. Die Lauchzwiebeln und die Kirschtomaten zufügen, mit andünsten und etwa
5 Minuten köcheln lassen.

4 Die Soße mit Zitronensaft, Ahornsirup,
Salz und Pfeffer abschmecken. Den Tofu in
Würfel schneiden und zugeben. Brottrunk
einrühren.

5 Den Bärlauch grob hacken und in der
letzten Minute zu den kochenden Nudeln
geben. Die Nudeln abgießen, abtropfen lassen, zum Gemüse in die Pfanne geben und
alles vermengen.

Zubereitung: 30 Minuten

Linsen-Sojabohnenpüree mit Tomate und Tofu

Für 4 Portionen:

100 g gelbe Sojabohnen
2 Zwiebeln
2 EL Red Palm Öl
300 ml Gemüsebrühe
Salz
Pfeffer
2 EL Kräutergewürzsalz
2 EL Enzym-Fermentgetreide (liefert Ballaststoffe und sichert die Versorgung mit Vitamin B12 und Folsäure sowie Mineralstoffen, u. a. Calcium und Magnesium)
100 g gelbe Linsen
1 TL Tomatenmark
2–3 EL Soja-Flocken, zart (sie sind schnell löslich, bringen so ein Mehr an essenziellen Fettsäuren und verbessern das Aminosäurespektrum der Mahlzeit)
200 g Seidentofu
3 TL Gomasio (gerösteter Sesam)
1 TL Oregano
3 EL Sojasoße
1 kleiner Römersalat
12 Kirschtomaten

So geht's:

1 Die gelben Sojabohnen mit kochendem Wasser übergießen und über Nacht ausquellen lassen.

2 Die Zwiebeln würfeln, in zwei Portionen teilen und in jeweils 1 EL Palm Öl andünsten. Die Sojabohnen abtropfen lassen und in eine Zwiebelportion geben. 150 ml Gemüsebrühe zugießen. Mit Salz, Pfeffer und 1 EL Kräutergewürzsalz würzen und mit geschlossenem Deckel etwa 30 Minuten köcheln lassen. Zwischendurch gelegentlich umrühren und etwas zerstampfen. Zum Schluss das Enzym-Fermentgetreide unter die Sojabohnen rühren.

3 Die gelben Linsen und die restliche Brühe zu den restlichen Zwiebeln geben. Mit Tomatenmark, dem restlichen Kräutergewürzsalz und Pfeffer würzen und mit geschlossenem Deckel etwa 15 Minuten bei schwacher Hitze garen. Zwischendurch gelegentlich umrühren. Zum Schluss die Sojaflocken unter die Linsen rühren.

4 Für den Tofudip den Seidentofu mit einer Gabel zerdrücken. Dabei Gomasio und Oregano unterarbeiten und mit Salz, Pfeffer und Sojasoße würzen.

5 Mit einigen großen Salatblättern eine Platte auslegen. Das Linsen- und Sojabohnenpüree sowie den Tofudip daraufgeben. Die Kirschtomaten halbieren und dazugeben. Nach Belieben mit frisch gemahlenem Pfeffer bestreuen. Dazu schmeckt knuspriges Bauernbrot.

Zubereitung: 20 Minuten
Einweichzeit: 12 Stunden

Tofu-Satay mit Erdnuss-Soße

Für 4 Portionen:

1 EL Korianderkörner
½ EL Kreuzkümmel
2 EL Olivenöl (z. B. aus Kalamata)
3 Knoblauchzehen
150 g gesalzene Erdnüsse
1 walnussgroßes Stück Ingwer
3 kleine rote Chilischoten
7 Schalotten
Zitronengras-Pulver
4 EL Red Palm Öl
2 TL Rohrzucker
½ TL Salz, Pfeffer
250 ml Kokosmilch
400 g Natur-Tofu
2 EL Sojasoße

So geht's:

1 Den Koriander und den Kreuzkümmel im Mörser zerstoßen und im Olivenöl rösten. Den Knoblauch dazupressen und die Erdnüsse zugeben. Unter Rühren goldbraun rösten. Auf einen Teller schütten und erkalten lassen. Dann im Blitzhacker zerkleinern.

2 Den Ingwer schälen und hacken. Die Chilischoten aufschlitzen, die Kerne entfernen und die Chili in Ringe schneiden.

3 Vier Schalotten zusammen mit der Hälfte vom Ingwer, Chili und 1 TL Zitronengras im Mixer pürieren.

4 Das Red Palm Öl in einer Pfanne erhitzen und das Püree darin unter Rühren anrösten. Mit 1 TL Rohrzucker und Salz würzen und die Erdnusspaste unterheben. 100 ml Kokosmilch angießen und bei schwacher Hitze etwa 10 Minuten köcheln lassen.

5 Für die Tofu-Satay den Tofu in Scheiben schneiden (ca. 1,5 x 3 cm). Sie sollen dünn sein, aber nicht zerbrechen!

6 Den restlichen Ingwer, die restlichen Schalotten und den restlichen Rohrzucker, 1 TL Zitronengras und die Sojasoße zusammen mit der restlichen Kokosmilch im Mixer zu einer Paste verarbeiten. Mit Salz und Pfeffer würzen.

7 Die Marinade auf dem Tofu verteilen und etwa 30 Minuten marinieren lassen. Danach die Tofustreifen auf lange Holzspieße aufstecken und auf dem Grill (die Grillstäbe mit Öl bepinseln oder die Spieße in eine Alugrillschale legen) oder in einer Grillpfanne rösten. In die Erdnuss-Soße dippen. Dazu passt ein süß-saurer Gurkensalat.

Zubereitung: 60 Minuten
Marinierzeit: 30 Minuten

TIPP: Die Erdnuss-Soße schmeckt warm und kalt. Sie können Sie auf Vorrat zubereiten. Im verschlossenen Gefäß im Kühlschrank ist sie etwa 1 Woche haltbar. Sie passt als Dip auch zu gebratenen Lupinosteaks und verleiht als „Würze" vielen asiatischen Gerichten eine ganz besondere Note.

Erbsen-Kokos-Soße zu Pasta

Für 4 Portionen:
500 g Spaghetti, aus Hartweizengrieß ohne Ei
Salz
1 TL Miso
200 g Zuckerschoten
200 g Natur-Tofu
2 Schalotten
2 EL Sojaöl
200 g Erbsen (tiefgekühlt)
400 ml Kokosmilch
30 g gelbe Linsen (versorgen mit Vitamin B2 und Chrom sowie Ballaststoffen und Eiweiß und verleihen eine besonders cremige Konsistenz)
1 TL Wasabi
Saft von 1 Limette
2 EL Sojasoße
1 TL Chiliflocken
1 Stiel Zitronenmelisse

So geht's:

1 Die Spaghetti in reichlich kochendes Salzwasser geben, Miso zufügen und 8–10 Minuten bissfest garen. Anschließend abgießen und abtropfen lassen.

2 Die Zuckerschoten entfädeln und halbieren. Den Tofu würfeln. Die Schalotten in Spalten schneiden und im heißen Sojaöl glasig andünsten.

3 Die Erbsen, die Zuckerschoten und den Tofu zugeben. Die Kokosmilch und die gelben Linsen hinzufügen. Mit Wasabi, Limettensaft, Sojasoße und Chiliflocken würzen. Aufkochen lassen und mit geschlossenem Deckel etwa 10 Minuten garen.

4 Die Erbsen-Kokos-Soße mit den Spaghetti anrichten. Die Melisseblättchen in Streifen schneiden und überstreuen.

Zubereitung: 35 Minuten

Kartoffelpfanne mit Paprika

Für 4 Portionen:
1 kg Kartoffeln
2 kleine Zucchini
2 gelbe Paprikaschoten
2 Zwiebeln
3 EL Sojaöl
Salz
½ TL Chiliflocken
1 TL Zitronen-Pfeffer
2 Stiele Rosmarin

So geht's:

1 Die Kartoffeln gründlich waschen, in der Schale etwa 20 Minuten kochen, pellen, auskühlen lassen und in Scheiben schneiden.

2 Die Zucchini in Scheiben schneiden. Die Paprika in gleichmäßige Stücke und die Zwiebeln in Spalten schneiden.

3 Das Sojaöl in einer weiten Pfanne erhitzen und die Kartoffeln darin kross abraten. Das vorbereitete Gemüse zugeben und unter Wenden mit anbraten.

4 Mit Salz, Chiliflocken und Zitronen-Pfeffer würzen und die Rosmarinstiele zugeben. Unter gelegentlichem Wenden etwa 10 Minuten garen. Rosmarin vor dem Servieren aus der Pfanne nehmen.

Zubereitung: 50 Minuten

Paella mit Bohnen und Basilikum-Tofu

Für 4 Portionen:

4 Knoblauchzehen
2 Zwiebeln
je 1 rote, gelbe und orange Paprikaschote
150 g breite Bohnen
3–4 EL Olivenöl (z. B. aus Kalamata)
300 g Risotto-Reis
5 Safranfäden
Salz, Pfeffer
750 ml Gemüsebrühe
200 g Basilikum-Tofu
2 EL schwarzes Sesamöl

So geht's:

1   Die Knoblauchzehen in dünne Scheiben schneiden. Die Zwiebeln würfeln. Die Paprika in Würfel und die Bohnen in etwa 3 cm lange Stücke schneiden.

2   In einer Paellapfanne oder einer großen, weiten Pfanne 1–2 EL Olivenöl erhitzen, darin portionsweise die Paprika und die Bohnen anbraten. Herausheben und beiseitestellen. Den Knoblauch zugeben, goldbraun braten und ebenfalls beiseitestellen.

3   Das restliche Olivenöl ins Bratfett geben und die Zwiebeln darin goldgelb anbraten. Den Reis zufügen, unter Rühren glasig anbraten. Safran zugeben und mit anschwitzen.

4   Das Gemüse zufügen und unterheben. Mit Salz und Pfeffer würzen. Die Brühe angießen und aufkochen lassen. Die Paella dann auf der mittleren Einschubleiste im Backofen etwa 30 Minuten garen.

5   Den Tofu in Würfel schneiden und im Sesamöl kross braten. Auf die Paella geben, unterheben und 10 Minuten weitergaren.

Zubereitung: 60 Minuten

Bandnudeln mit Pilz-Safran-Rahm

Für 4 Portionen:

500 g breite Bandnudeln, aus Hartweizengrieß ohne Ei
Salz
250 g Kräuterseitlinge
200 g braune Champignons
3 Schalotten
3 EL Sojaöl
250 ml Sojacreme (zum Kochen)
6 Safranfäden
Salz
Pfeffer
100 g Sojayogurt
Saft von ½ Limette

So geht's:

1   Die Bandnudeln in reichlich kochendem Salzwasser 8–10 Minuten bissfest garen, abgießen und abtropfen lassen.

2   Die Kräuterseitlinge und die Champignons evtl. mit einem Tuch abreiben und in Würfel schneiden. Die Schalotten würfeln.

3   Das Sojaöl erhitzen und die Schalotten darin goldgelb andünsten. Die Pilze zugeben und unter Rühren mit anbraten. Die Sojacreme einrühren, die Safranfäden zugeben und mit Salz und Pfeffer würzen. Unter gelegentlichem Rühren etwa 10 Minuten sanft köcheln lassen.

4   Den Sojayogurt und den Zitronensaft unter die nicht mehr kochende Soße rühren, nochmals abschmecken und mit den abgetropften Bandnudeln auf Tellern anrichten.

Zubereitung: 25 Minuten

Bandnudeln mit Pilz-Safran-Rahm

Süß-scharfer Kürbis mit Linsen

Für 4 Portionen:

200 g Tellerlinsen
3 große Kartoffeln
1 kleiner Hokkaido-Kürbis
1 großer Apfel
2 Zwiebeln
1 Knoblauchzehe
2 EL Sojaöl
1 TL Garam Masala
2 TL Madras Masala Curry, mittelscharf
100 ml Apfelsaft
600 ml Gemüsebrühe
Salz
Pfeffer
200 g Natur-Tofu
3–4 EL Estragonessig
1 EL Kürbiskernöl
1 TL Kürbiskernmus

So geht's:

1 Die Linsen mit 400 ml kochendem Wasser übergießen und 3–4 Stunden quellen lassen.

2 Die Kartoffeln schälen und in mundgerechte Würfel schneiden. Den Kürbis halbieren, entkernen und das Kürbisfleisch in Würfel schneiden. Den Apfel in Spalten schneiden.

3 Die Zwiebeln und den Knoblauch hacken. Beides im Sojaöl glasig andünsten. Den Kürbis und die Kartoffeln zugeben und ebenfalls andünsten. Garam Masala und das Madras Curry zugeben und mit anschmoren.

4 Den Apfelsaft und die Hälfte der Brühe zugießen. Den Apfel und die Linsen zufügen und mit Salz und Pfeffer würzen. Unter gelegentlichem Rühren bei mittlerer Temperatur etwa 40 Minuten köcheln lassen. Die restliche Brühe nach und nach zufügen.

5 Den Tofu würfeln und kurz vor Ende der Garzeit unterheben. Mit dem Estragon-Essig, dem Kürbiskernöl und dem Kürbiskernmus abschmecken.

Zubereitung: 60 Minuten
Quellzeit: 3–4 Stunden

TIPP: Der Hokkaido-Kürbis hat eine so zarte Schale, dass Sie ihn nicht schälen müssen. Einfach in Stücke schneiden und weiter verarbeiten. Die Familie der Kürbisse ist riesengroß, wie so manches Exemplar, und auch die Zucchini wird botanisch zugeordnet. Das Fruchtfleisch vom Kürbis ist außerordentlich ballaststoffreich und unterstützt damit die Verdauung, die Entgiftung des Körpers und hat außerdem einen positiven Einfluss auf den Cholesterinspiegel und die Gallensaftproduktion.

Schnelle Hafer-Burger mit Möhren-Kartoffelpüree

Für 4 Portionen:

1 Packung Hafer-Burger (Fertigprodukt)
1 walnussgroßes Stück Ingwer
500 g Möhren
250 g Kartoffeln
2 kleine Zwiebeln
2 EL Sojaöl
3 TL Curry
250 ml Gemüsebrühe
1 TL Kreuzkümmel
Salz, Pfeffer
100 g Natur-Tofu
Saft von 1 Orange
1 TL Rapskernöl

So geht's:

1 Die Hafer-Burger nach Packungsanleitung zubereiten.

2 Den Ingwer schälen und fein würfeln. Die Möhren, die Kartoffeln und die Zwiebeln in Würfel schneiden.

3 Das Sojaöl in einem Topf erhitzen. Die Zwiebel und den Ingwer darin unter Rühren goldgelb andünsten. Die Möhren und die Kartoffeln zugeben und mitdünsten.

4 Curry darüberstreuen und etwa 2 Minuten unter Rühren andünsten, dann die Brühe zugießen. Mit Kreuzkümmel, Salz und Pfeffer würzen und mit geschlossenem Deckel etwa 20 Minuten köcheln lassen.

5 Die Möhren-Kartoffeln evtl. etwas abtropfen lassen. Den zerdrückten Tofu zugeben und zermusen. Mit Salz, Pfeffer, Orangensaft und Rapskernöl abschmecken. Mit den Burgern anrichten. Dazu passt Vollkornreis.

Zubereitung: 50 Minuten

Mangold-Linsen mit Makkaroni

Für 4 Portionen:

500 g Makkaroni, aus Hartweizengrieß ohne Ei
Salz
400 g Mangold
2 Zwiebeln
2 EL Sojaöl
1 TL Curry
50 g rote Linsen (versorgen mit Vitamin B2 und Chrom sowie Ballaststoffen und Eiweiß und verleihen eine besonders cremige Konsistenz)
100 ml Gemüsebrühe
250 ml Sojacreme (zum Kochen)
Pfeffer
2 EL geriebene Mandeln
abgeriebene Schale von ½ Zitrone

So geht's:

1 Die Makkaroni in reichlich Salzwasser 8–10 Minuten bissfest garen. Anschließend abgießen und abtropfen lassen.

2 Die Mangoldstiele in kleine Stücke und die Blätter in breite Streifen schneiden. Die Zwiebeln würfeln und im heißen Sojaöl glasig andünsten. Curry und die roten Linsen einrühren.

3 Den Mangold zugeben und andünsten. Mit der Brühe und der Sojacreme ablöschen. Mit Salz und Pfeffer würzen. Die Mandeln unterrühren und mit geschlossenem Deckel etwa 10 Minuten garen. Mit den Makkaroni anrichten. Etwas abgeriebene Zitronenschale darüberstreuen.

Zubereitung: 35 Minuten

Spaghetti à la Bolognese

Für 4 Portionen:
450 ml Gemüsebrühe
1 TL Miso
150 g Soja-Schnetzel, fein
1 große Zwiebel
1 Knoblauchzehe
3 EL Sojaöl
2 EL Tomatenmark
1 große Dose (800 g) geschälte Tomaten
Salz, Pfeffer
2–3 TL Oregano
2 EL Enzym-Fermentgetreide (liefert Ballaststoffe und sichert die Versorgung mit
Vitamin B12 und Folsäure sowie Mineralstoffen, u. a. Calcium und Magnesium)
**500 g Spaghetti, aus Hart-
weizengrieß ohne Ei**

So geht's:
1 Die Brühe zum Kochen bringen, in eine
Schüssel geben und das Miso einrühren.
Soja-Schnetzel zufügen und verrühren.
Etwa 10 Minuten quellen lassen.

2 Die Zwiebel und den Knoblauch würfeln
und im heißen Sojaöl goldgelb andünsten.
Soja-Schnetzel evtl. etwas ausdrücken, zugeben und mit andünsten. Das Tomatenmark einrühren.

3 Die geschälten Tomaten zufügen und da-
bei etwas zerkleinern. Mit Salz, Pfeffer und
Oregano würzen und mit geschlossenem
Deckel etwa 20 Minuten köcheln lassen.
Zum Schluss das Enzym-Fermentgetreide
unterrühren.

4 Die Spaghetti in reichlich Salzwasser
bissfest kochen, abgießen, abtropfen lassen
und mit der Soja-Bolognese anrichten.

Zubereitung: 40 Minuten
Quellzeit: 10 Minuten

Spaghetti à la Bolognese

Knusprige Brat-kartoffeln mit frischem Blattsalat

Für 4 Portionen:
1 Kopf Blattsalat
250 ml Sojacreme (zum Kochen)
2 EL Rohrzucker
3–4 EL Kräuteressig
1 kg Kartoffeln
2 Zwiebeln
4 EL Sojaöl
Salz, Pfeffer

So geht's:
1 Den Blattsalat gründlich waschen, abtropfen lassen und in mundgerechte Stücke zupfen.

2 Die Sojacreme in eine Salatschüssel geben. Den Rohrzucker zugeben und mit dem
Schneebesen verrühren. Den Essig zugeben
und verrühren, bis die Soße leicht dicklich
ist. Evtl. noch etwas Essig zufügen. Die Salatblätter zugeben und unterheben.

3 Die Kartoffeln schälen, waschen und in
Scheiben schneiden. Die Zwiebeln würfeln.

4 Das Sojaöl in einer weiten Pfanne erhitzen und die Kartoffelscheiben zugeben.
Etwa 5 Minuten kräftig anbraten, dann mit
dem Pfannenwender einmal wenden. Die
Zwiebeln zufügen, salzen und pfeffern und
bei mittlerer Hitze etwa 15 Minuten kross
braten. Mit dem Salat auf Tellern anrichten.

Zubereitung: 50 Minuten

TIPP: Damit die Bratkartoffeln schön kross
werden, sollten sie erst ganz spät das erste
Mal gewendet werden. Am besten eine Kar-
toffelscheibe einmal umdrehen und testen.
Wenn die erste Schicht knusprig angebraten
ist, dann bleiben die Bratkartoffeln richtig
schön kross.

Gelbes Tofu-Curry

Für 4 Portionen:

1 Chilischote
1 Zwiebel
1 Knoblauchzehe
3 Möhren
200 g Zuckerschoten
2 EL Sojaöl
2–3 TL gelbe Currypaste
1 TL Koriander, in der Schale gemahlen
500 ml Soja-Drink mit Calcium
Saft von 1 Limette
1 TL Rohrzucker
Salz
200 g Curry-Tofu indisch gewürzt
2 TL Hanfsamen, geschält (verleihen ein besonders nussiges Aroma und versorgen mit wertvollen ungesättigten Fettsäuren, Vitamin E und Eiweiß)
100 g Blattspinat

So geht's:

1   Die Chili längs einritzen, entkernen, würfeln. Die Zwiebel und den Knoblauch würfeln.

2   Die Möhren in dickere Scheiben schneiden. Die Zuckerschoten entfädeln und halbieren.

3   Das Sojaöl in einer weiten Pfanne erhitzen. Die Zwiebel, den Knoblauch und die Chili darin andünsten.

4   Die Currypaste und den Koriander zugeben und unter Rühren anschmoren. Die Möhren zugeben und mitdünsten. Den Sojadrink zugießen, zum Kochen bringen und etwa 10 Minuten köcheln lassen.

5   Die Soße mit Limettensaft, Rohrzucker und Salz abschmecken. Den Tofu würfeln, mit der Hanfsaat in der Soße erwärmen.

6   Den Spinat waschen, hacken und mit den Zuckerschoten zugeben. Dazu passt Basmatireis.

Zubereitung: 35 Minuten

Bohnen-Kokos-Curry

Für 4 Personen:

500 g feine grüne Bohnen
5 Zwiebeln
1 EL Red Palm Öl
Salz
Pfeffer
2 TL Curry
½ TL Kardamom, in der Schale gemahlen
1 Dose (400 ml) Kokosmilch
200 g Natur-Tofu
1–2 TL Rohrzucker
Saft von 1 Limette

So geht's:

1   Die Bohnen entfädeln und halbieren. Die Zwiebeln in Spalten schneiden.

2   Das Red Palm Öl erhitzen. Die Zwiebeln und die Bohnen zugeben und unter Wenden scharf anbraten. Mit Salz, Pfeffer, Curry und Kardamom kräftig würzen und die Kokosmilch zugießen.

3   Den Tofu in Würfel schneiden und zugeben. Das Curry mit geschlossenem Deckel etwa 20 Minuten sanft köcheln lassen. Mit Rohrzucker und dem Limettensaft abschmecken. Dazu passt Basmatireis.

Zubereitung: 40 Minuten

Polenta-Tofuschnitten

Für 4 Portionen:

1 Zwiebel
1 Knoblauchzehe
4 EL Olivenöl (z. B. aus Kalamata)
Salz
1 Stiel Rosmarin
1 TL Chiliflocken
250 g Minuten-Polenta (Maisgrieß)
200 g Tofu-Rosso

So geht's:

1 Die Zwiebel und den Knoblauch würfeln und in 2 EL Olivenöl glasig dünsten. 850 ml Wasser, ½ TL Salz, Rosmarinnadeln und Chiliflocken zugeben und aufkochen lassen.

2 Die Minuten-Polenta einstreuen und etwa 2 Minuten unter Rühren weiterkochen. Dann mit geschlossenem Deckel 5 Minuten ausquellen lassen. Den Tofu in Würfel schneiden und nach 2 Minuten unterheben.

3 Ein Backblech mit Backpapier auslegen, den Maisgrieß daraufgeben und glatt streichen. Etwa 2 Stunden kalt stellen.

4 Die Polenta aus dem Backblech heben, in große Stück schneiden und wieder auf das Backblech (diesmal ohne Backpapier) legen. Mit dem restlichen Öl bestreichen und unter dem heißen Grill 5–10 Minuten knusprig goldbraun backen.

Zubereitung: 25 Minuten
Kühlzeit: 2 Stunden
Backzeit: 5–10 Minuten

TIPP: Die Polentaschnitten sind eine leckere Abwechslung zu Kartoffeln oder Nudeln als Beilage zu Gemüse- und Tofugerichten. Sie sind super vorzubereiten und dadurch ideal, wenn Sie Gäste erwarten. Einfach am Vortag herstellen, auf dem Backblech kalt stellen und erst übergrillen, wenn das Hauptgericht fast fertig ist. Sie können auch frei improvisieren und unter den Maisgrieß andere Zutaten als den Tofu-Rosso mischen, beispielsweise ganze Maiskörner, klein geschnittenes Gemüse oder auch grob geriebene Nüsse und Kräuter.

Wirsing-Rouladen mit Bolognese-Pilz-Füllung

Für 4 Portionen:

10 g getrocknete Steinpilze
100 g Soja-Schnetzel, fein
600 ml Gemüsebrühe
1 TL Miso
1 großer Wirsingkohl
1 kleine Zwiebel
1 Knoblauchzehe
Salz
Pfeffer
1 TL Oregano
1 TL Sambal Oelek
3 EL Soja-Flocken, zart (sie sind schnell löslich, bringen so ein Mehr an essenziellen Fettsäuren und verbessern das Aminosäurespektrum der Mahlzeit)
2 EL Sojaöl
½ TL Kümmel
125 ml Sojacreme (zum Kochen)
2 TL Sojamehl

So geht's:

1   Die Steinpilze in kleine Würfel schneiden und mit dem Soja-Schnetzel in einer Schüssel mischen. 350 ml Gemüsebrühe aufkochen, dazugeben und das Miso unterrühren. Etwa 10 Minuten quellen lassen.

2   Vom Wirsingkohl 12 äußere Blätter ablösen – sehr vorsichtig und ohne sie zu einzureißen. Die Wirsingblätter im Dampfgarer etwa 10 Minuten dämpfen, dann auf einem Geschirrtuch auskühlen lassen und die Blattrippen flach schneiden.

3   Die Zwiebel und den Knoblauch sehr fein würfeln und zur Sojamasse geben. Mit Salz, Pfeffer, Oregano und Sambal Oelek würzen und die Soja-Flocken unterheben.

4   Jeweils 2 Wirsingblätter in der Mitte überpappend aufeinander legen. In die Mitte einen großen Löffel von der Sojafüllung geben. Die Blätter zu Rouladen fest übereinander schlagen und mit Küchengarn zubinden.

5   Das Öl in einer tiefen Pfanne erhitzen und die Rouladen darin rundherum anbraten. Die restliche Brühe und den Kümmel zugeben. Mit geschlossenem Deckel etwa 15 Minuten schmoren.

6   Die Rouladen herausheben und das Küchengarn vorsichtig abwickeln. Anschließend warm stellen. Die Sojacreme in den Garsud einrühren und aufkochen lassen.

7   Das Sojamehl in etwas Wasser glatt rühren und dann in die Soße einrühren. Etwa 1 Minute kochen lassen und mit Salz und Pfeffer abschmecken. Mit den Wirsing-Rouladen anrichten. Dazu schmecken Petersilienkartoffeln.

Zubereitung: 60 Minuten

Schmetterlingsnudeln mit Spitzkohl-Rahm

Für 4 Portionen:

15 g getrocknete Steinpilze
500 g Schmetterlingsnudeln, aus Hartweizengrieß ohne Ei
Salz
1 kleiner Spitzkohl
3 Schalotten
2 EL Sojaöl
1 TL Curry
¼ TL Kümmel, gemahlen
1 TL Sambal Oelek
250 ml Sojacreme (zum Kochen)
Pfeffer

So geht's:

1   Die Steinpilze mit 100 ml kochendem Wasser überbrühen und etwa 10 Minuten ausquellen lassen.

2   Die Schmetterlingsnudeln in reichlich kochendes Salzwasser geben und 8–10 Minuten bissfest garen.

3   Den Spitzkohl vierteln und grob in Stücke schneiden. Die Schalotten in Spalten schneiden und im heißen Sojaöl kross anbraten. Den Spitzkohl zugeben und mit anbraten. Curry und Kümmel überstreuen.

4   Die Steinpilze mit dem Einweichwasser zum Spitzkohl geben. Das Sambal Oelek und die Sojacreme einrühren und mit Salz und Pfeffer würzen. Mit geschlossenem Deckel etwa 10 Minuten garen. Mit den abgetropften Nudeln auf Tellern anrichten.

Zubereitung: 25 Minuten
Quellzeit: 10 Minuten

China-Wraps

Für 4 Portionen:

2 Möhren
100 g braune Champignons
2 Lauchzwiebeln
100 g Bambussprossen in Scheiben
200 g Natur-Tofu
2 EL Erdnussöl
100 g Erbsen
100 g Sojasprossen
2 EL Sojasoße
1 TL Ingwer, gerieben
Salz, Pfeffer
½ TL rote Currypaste
4 Weizenfladen (Tortilla Wraps)
¼ Eisbergsalat
4 Stiele Koriander
4 EL süß-scharfe Chilisoße

So geht's:

1   Die Möhren erst schräg in Scheiben und anschließend in Stifte schneiden. Die Champignons in Scheiben und die Lauchzwiebeln in Ringe schneiden. Die Bambussprossen in Streifen und den Tofu in Würfel schneiden.

2   In einer weiten Pfanne im heißen Erdnussöl die vorbereiteten Zutaten portionsweise knusprig anbraten. Die Erbsen und die Sojasprossen zufügen. Die Sojasoße angießen und mit Ingwer, Salz, Pfeffer und roter Currypaste würzen.

3   Die Weizenfladen übereinanderstapeln und in Alufolie einwickeln. Im Backofen bei 180 °C etwa 10 Minuten erwärmen.

4   Den Eisbergsalat in Streifen schneiden. Den Koriander hacken. Die Weizenfladen mit Salat belegen und die Gemüsefüllung daraufgeben. Koriander darüberstreuen und 1 EL Chilisoße daufträufeln. Fladen einrollen und sofort servieren.

Zubereitung: 40 Minuten

Tortilla-Wraps mit scharfer Tomatensoße

Für 4 Portionen:

250 g Tomaten
1 große Zwiebel
5 Stiele Koriander
3 eingelegte grüne Peperoni
Salz
Pfeffer
1 Prise Zucker
2 Fleischtomaten
½ Salatgurke
100 g Maiskörner
¼ Eisbergsalat
4 Maisfladen zum Füllen
200 g Natur-Tofu
2 EL Sojaöl
2 EL Edelsüß-Paprika

So geht's:

1 Die Tomaten an der Oberseite kreuzweise einschneiden, überbrühen und enthäuten. Die Kerne entfernen und das Tomatenfruchtfleisch würfeln. Die Zwiebel fein würfeln und den Koriander hacken. Die Peperoni hacken. Alles vermischen und mit Salz, Pfeffer und Zucker abschmecken.

2 Die Fleischtomaten würfeln. Die Gurke schälen, entkernen und in feine Würfel schneiden. Die Maiskörner abtropfen lassen und den Eisbergsalat in Streifen schneiden.

3 Die Weizenfladen gestapelt in Alufolie einwickeln und bei 180 °C etwa 10 Minuten erhitzen. Den Tofu in Würfel schneiden und im heißen Sojaöl knusprig braten.

4 Die Weizenfladen dünn mit der scharfen Tomatensoße bestreichen. Mit Salatblättern, Gurken- und Tomatenwürfeln, den Maiskörnern und den Tofuwürfeln belegen. Mit Salz und Pfeffer würzen und einrollen.

Zubereitung: 30 Minuten

TIPP: Die Tortilla-Wraps können Sie nach Lust und Laune variieren. Gut für die Füllung eignen sich auch Kidneybohnen kurz erwärmt, Möhrenraspel und gehackte Walnüsse. Auch ein Klacks Avocado-Creme oder Minze-Dip (beide auf Seite 51) geben einen tollen Geschmack. Besonders knusprig aufgebacken werden die Wraps, wenn Sie ein Backblech im Backofen 10 Minuten stark erhitzen und dann auf das heiße Backblech die Mais- oder Weizenfladen zum Durchwärmen legen.

Quinoa-Risotto mit Erbsen

Für 4 Portionen:

je 2 rote und gelbe Paprikaschoten
3 Schalotten
2 EL Rapskernöl
250 g Quinoa
500 ml Gemüsebrühe
Salz
Pfeffer
1 TL Kardamom, in der Schale gemahlen
½ TL Kurkuma
500 g Erbsen (frisch oder tiefgekühlt)
3 EL Enzym-Fermentgetreide (liefert
    Ballaststoffe und sichert die Ver-
    sorgung mit Vitamin B12 und
    Folsäure sowie Mineralstoffen,
    u. a. Calcium und Magnesium)

So geht's:

1 Die Paprikaschoten in Würfel schneiden. Die Schalotten achteln.

2 Das Rapskernöl in einem Topf erhitzen und die Schalotten darin anbraten. Paprika und Quinoa zugeben und andünsten.

3 Die Brühe angießen. Mit Salz, Pfeffer, Kardamom und Kurkuma würzen und mit geschlossenem Deckel etwa 10 Minuten bei mittlerer Hitze garen.

4 Die Erbsen und das Enzym-Fermentgetreide zufügen und weitere 8 Minuten garen. Dazu schmeckt ein Minze-Dip (siehe Seite 51).

Zubereitung: 40 Minuten

Hirsetopf mit Brokkoli und Pinienkernen

Für 4 Portionen:

4 Schalotten
1 Zwiebelknoblauch
2 EL Sojaöl
250 g Hirse
3 EL Tomatenmark
1–2 TL Sambal Oelek
2 EL Ajvar-Creme
200 ml Gemüsebrühe
500 g stückige Tomaten
1 TL Koriander, gemahlen
250 g Brokkoli
250 g Blumenkohl
30 g Pinienkerne
2 Lauchzwiebeln
200 g Tofu-Rosso
Salz, Zitronen-Pfeffer
1 TL Chiliflocken
Saft von ½ Zitrone

So geht's:

1 Die Schalotten und den Zwiebelknoblauch würfeln. Im heißen Sojaöl glasig dünsten. Die Hirse zugeben. Das Tomatenmark, das Sambal Oelek und das Ajvar unterrühren.

2 Die Brühe, die stückigen Tomaten und den Koriander zufügen, unterrühren. Mit geschlossenem Deckel ca. 30 Minuten köcheln.

3 Brokkoli und Blumenkohl in kleine Röschen teilen und im Dampfgarer etwa 10 Minuten dämpfen. Die Pinienkerne und die Lauchzwiebel (in Ringen) in einer Pfanne rösten. Den Tofu in dünne Streifen schneiden.

4 Den Tofu unter die Hirse rühren. Mit Salz, Zitronen-Pfeffer, Chiliflocken und Zitronensaft abschmecken. Den Brokkoli, den Blumenkohl, die Lauchzwiebeln und die Pinienkerne mit der Hirse anrichten.

Zubereitung: 40 Minuten

Hirsetopf mit Brokkoli und Pinienkernen

Scharfer Tofu-Topf mit Brokkoli und Cashewkernen

Für 4 Portionen:

400 g Natur-Tofu
½ TL Cayennepfeffer
3 TL Tofu-Gewürz
5 EL Sojasoße
200 g Basmatireis
500 g Brokkoli
3 kleine Schalotten
2 EL Sojaöl
100 g Cashewkerne
2 EL Harissa, 1 EL Aivar
200 ml Gemüsebrühe
2 EL Enzym-Fermentgetreide

So geht's:

1 Den Tofu in große Würfel schneiden. In eine Schüssel geben. Cayennepfeffer und Tofu-Gewürz darüberstreuen und vorsichtig vermischen. Die Sojasoße darüberträufeln und etwa 30 Minuten marinieren lassen.

2 Den Reis in die 2,5-fache Menge kochendes Salzwasser geben. Einmal aufwallen lassen und dann bei niedrigster Hitze mit geschlossenem Deckel etwa 20 Minuten köcheln lassen.

3 Den Brokkoli in Röschen teilen und die Brokkolistiele in dünne Scheiben schneiden. Die Schalotten im heißen Sojaöl kross anbraten. Die Cashewkerne zugeben und mitrösten.

4 Den Brokkoli hineingeben und mit andünsten. Harissa und Ajvar unterrühren. Den Tofu mit der Marinade zugeben, die Brühe angießen und mit geschlossenem Deckel etwa 25 Minuten köcheln lassen. Zum Schluss das Enzym-Fermentgetreide unterrühren, abschmecken und mit dem Reis anrichten.

Zubereitung: 35 Minuten
Marinierzeit: 30 Minuten

Spaghetti mit Gemüse-Soße

Für 4 Portionen:

500 g Spaghetti, aus Hartweizengrieß ohne Ei
Salz
1 große Zucchini
2 Fleischtomaten
1 Zwiebel
1 Zwiebelknoblauch
2 EL Olivenöl (z. B. aus Kalamata)
100 ml Gemüsebrühe
2 EL Tomatenmark
Salz
Zitronen-Pfeffer
1 TL Majoran
½ TL Koriander
¼ TL Curcuma
250 ml Sojacreme (zum Kochen)
2 EL Enzym-Fermentgetreide (liefert Ballaststoffe und sichert die Versorgung mit Vitamin B12 und Folsäure sowie Mineralstoffen, u. a. Calcium und Magnesium)

So geht's:

1 Die Spaghetti in reichlich kochendem Salzwasser 8–10 Minuten bissfest kochen, abgießen und abtropfen lassen.

2 Die Zucchini und die Fleischtomaten würfeln. Die Zwiebel und den Zwiebelknoblauch würfeln und im Olivenöl andünsten. Die Zucchini und die Fleischtomaten zugeben und mitdünsten.

3 Die Brühe angießen und das Tomatenmark einrühren. Mit Salz, Zitronen-Pfeffer, Majoran, Koriander und Curcuma würzen und die Sojacreme einrühren. Mit geschlossenem Deckel etwa 15 Minuten bei mittlerer Hitze garen. Zum Schluss das Enzym-Fermentgetreide unterrühren, nochmals abschmecken und mit den Spaghetti anrichten.

Zubereitung: 30 Minuten

Pilzrisotto mit Pinienkernen

Für 4 Portionen:

750 g gemischte Pilze (z. B. Shiitake,
   braune Champignons, Steinpilze oder
   Kräuterseitlinge)
2 Schalotten
2 EL Sojaöl
300 g Risotto-Reis
150 ml trockener Weißwein
800 ml heiße Gemüsebrühe
2 Stiele Majoran
200 g Natur-Tofu
Salz
Pfeffer
2 EL Pinienkerne

So geht's:

1 Die Pilze abbürsten und in Würfel oder Scheiben schneiden. Die Schalotten würfeln und im heißen Sojaöl goldgelb dünsten. Den Risotto-Reis zugeben und unter Rühren glasig andünsten. Die Pilze zufügen und ebenfalls mitdünsten.

2 Mit dem Wein ablöschen und unter Rühren verkochen lassen. Nach und nach unter gelegentlichem Rühren die heiße Brühe angießen. Immer nur so viel Brühe zugeben, dass der Reis bedeckt ist. Immer wieder umrühren und ohne Deckel bei mittlerer Hitze etwa 25 Minuten köcheln lassen.

3 Die Majoranblättchen von den Stielen abzupfen. Den Tofu würfeln. Beides zum Schluss unter das Risotto mischen und kräftig abschmecken.

4 Die Pinienkerne ohne Fettzugabe goldbraun rösten, grob hacken und zum Servieren über das Pilzrisotto streuen.

Zubereitung: 45 Minuten

TIPP: Risotto lässt sich auf einfache Weise abwandeln. Geben Sie einfach kurz vor Ende der Garzeit klein geschnittene Salate zu und heben Sie diese unter. Am besten passt der leicht bittere Geschmack von Radicchio, Endivie oder Rucola. Auch andere Tofuvarianten geben dem Risotto ganz leicht eine neue Richtung.

Chili sin Carne

Für 4 Portionen:

300 ml Gemüsebrühe
1 TL Miso
150 g Soja-Schnetzel, fein
1 große Zwiebel
1 rote Paprikaschote
2 EL Sojaöl
2 TL Edelsüß-Paprika
1 kleine Chilischote
1 kleine Dose (400 g) Maiskörner
1 Dose (400 g) Kidneybohnen
1 große Dose (800 g) geschälte Tomaten
Salz
Pfeffer
5 Tropfen Chile habanero-Chilisoße
1–2 EL Enzym-Fermentgetreide (liefert Ballaststoffe und sichert die Versorgung mit Vitamin B12 und Folsäure sowie Mineralstoffen, u. a. Calcium und Magnesium)

So geht's:

1 Die Brühe einmal aufkochen lassen. In eine Schüssel geben und das Miso unterrühren. Soja-Schnetzel einrühren und etwa 10 Minuten quellen lassen.

2 Die Zwiebel und die Paprika würfeln und im Sojaöl andünsten. Paprikapulver überstäuben. Chili, Mais und Kidneybohnen zugeben und unter Rühren mit andünsten.

3 Soja-Schnetzel zufügen, die Tomaten unterheben und grob zerkleinern. Mit Salz, Pfeffer, Chilisoße und Enzym-Fermentgetreide würzen und das Chili mit geschlossenem Deckel etwa 15 Minuten bei kleiner Hitze schmoren lassen. Dazu schmeckt Reis oder knuspriges Baguette.

Zubereitung: 30 Minuten
Quellzeit: 10 Minuten

Chili sin Carne

Gemüse-Kokoscurry

Für 4 Portionen:

250 g Kartoffeln
250 g grüne Bohnen
2 kleine Möhren
5 Schalotten
2 Knoblauchzehen
1 walnussgroßes Stück Ingwer
1 rote Chilischote
3 EL Sojaöl
100 g Austernpilze
1 TL brauner Zucker
2 EL rote Currypaste
1 TL Kurkuma
200 ml Kokosmilch
250 ml Sojacreme (zum Kochen)
Salz, Pfeffer
250 g Curry-Tofu indisch gewürzt

So geht's:

1 Die Kartoffeln schälen und würfeln. Die Bohnen entfädeln und halbieren. Die Möhren in Scheiben schneiden.

2 Schalotten in Spalten schneiden, Knoblauch hacken, Ingwer schälen und reiben. Chilischote aufschlitzen, entkernen und hacken.

3 1 EL Öl erhitzen. Die Austernpilze zugeben und unter Wenden kräftig anbraten. Auf einen Teller geben.

4 Restliches Öl in einen hohen Topf geben, Schalotten und Knoblauch zugeben und andünsten. Ingwer, Zucker, Currypaste und Kurkuma zugeben und unter Rühren erhitzen.

5 Das vorbereitete Gemüse zugeben und andünsten. Die Kokosmilch, die Sojacreme und die Austernpilze zufügen. Mit Salz und Pfeffer würzen und etwa 15 Minuten köcheln lassen. Tofu würfeln und kurz mitgaren. Dazu passt Basmatireis.

Zubereitung: 40 Minuten

Bohnen-Pilz-Wok süß-scharf

Für 4 Portionen:

400 g Natur-Tofu
500 g feine grüne Bohnen
150 g braune Champignons
1 Handvoll Rucola
1 Zwiebel
1 Limette
2 kleine rote Chilischoten
3 EL Erdnussöl
1 walnussgroßes Stück Ingwer
3 Knoblauchzehen
2 EL Sojasoße
5–6 EL Thai Chili Soße süß-scharf
Salz
Pfeffer

So geht's:

1 Den Tofu in Würfel schneiden. Die Bohnen entfädeln und halbieren. Die Champignons je nach Größe halbieren oder vierteln. Die Rucola abbrausen und etwas klein zupfen. Die Zwiebel in Spalten schneiden.

2 Die Limettenschale abreiben und den Saft auspressen. Die Chilischoten sehr fein hacken (dabei die Kerne entfernen).

3 Das Erdnussöl in einem Wok oder in einer weiten Pfanne erhitzen. Nacheinander den Tofu, die Champignons und die Bohnen anbraten. Entweder das Gemüse an den Rand des Woks hochschieben oder aber portionsweise in der Pfanne braten, herausheben und auf einem Teller beiseitestellen.

4 Den Ingwer schälen, in Scheiben schneiden und zum Schluss zusammen mit den Zwiebelspalten im Öl kräftig anrösten. Den Knoblauch dazupressen. Aus dem Wok nehmen und mit Limettenschale, -saft und den Chiliwürfeln mischen.

5 Das gebratene Gemüse und den Tofu wieder in den Wok oder die Pfanne geben. Die Rucola unterheben. Sojasoße und Thai Chili Soße einrühren und mit Salz und Pfeffer abschmecken. Zum Servieren mit einem Klacks Ingwer-Limettenmischung anrichten. Dazu schmeckt Basmatireis.

Zubereitung: 45 Minuten

Pellkartoffeln mit Selleriesalat und Sojageschnetzeltem

Für 4 Portionen:

1 kg kleine Kartoffeln
Salz
1 Staude Stangensellerie
150 g Knollensellerie
100 g Rucola
1 Bund Schnittlauch
250 ml Sojayogurt
2 TL Dijonsenf
1 TL Rohrzucker
Saft von 1 Zitrone
2 EL Rapskernöl
Pfeffer
2 EL Sojaöl
2 Packungen (à 180 g) Soja-Geschnetzeltes
   (aus der Frischeabteilung)
Edelsüß-Paprika
½ TL Anis, gemahlen
¼ TL Knoblauchpulver
50 g Rettichsprossen

So geht's:

1 Die Kartoffeln gründlich waschen und in der Schale in Salzwasser ca. 20 Minuten kochen. Dann abgießen und evtl. pellen.

2 Den Stangensellerie in Stücke und den Knollensellerie in Stifte schneiden. Rucola klein zupfen und den Schnittlauch in Röllchen schneiden. Alles mischen.

3 Den Sojayogurt mit Senf, Rohrzucker, Zitronensaft und dem Rapskernöl verrühren. Mit Salz und Pfeffer abschmecken und mit den vorbereiteten Salatzutaten mischen. Kurz durchziehen lassen.

4 Das Sojaöl in einer Pfanne erhitzen. Das Soja-Geschnetzelte darin von allen Seiten kross anbraten. Mit Salz, Pfeffer, Paprika-Pulver, Anis und Knoblauchpulver würzen. Mit den Pellkartoffeln und dem Selleriesalat anrichten. Die Rettichsprossen überstreuen.

Zubereitung: 35 Minuten

TIPP: Die Variationen an Sojaprodukten und -gerichten zum schnellen Zubereiten sind inzwischen durchaus groß und der Geschmack akzeptabel. Probieren Sie doch das eine oder andere aus, falls Sie einmal unter Zeitdruck stehen. Wie beispielsweise dieses Sojageschnetzelte. Doch achten Sie beim Kauf auf den Hinweis „vegan" auf der Packung. In manchen Produkten ist Milcheiweiß mitverarbeitet.

Couscous mit buntem Gemüse

Für 4 Portionen:

1 kleine Dose (400 g) Kichererbsen
2 rote Paprikaschoten
1 Staude Stangesellerie
1 Zwiebel
3 EL Sojaöl
250 ml Gemüsebrühe
Salz
Pfeffer
1 TL Curry
3 TL Couscous-Gewürz
1 EL Harissa
3 Kaffirzitronenblätter
200 g Kräuter-Tofu
2 TL Miso
300 g Couscous
4 EL Mandelblättchen
2 EL Hanfsamen (verleihen ein besonders
   nussiges Aroma und versorgen mit
   wertvollen ungesättigten Fettsäuren,
   Vitamin E und Eiweiß)

So geht's:

1   Die Kichererbsen in einem Sieb abtropfen lassen. Die Paprikaschoten in Stücke und den Sellerie in dicke Scheiben schneiden.

2   Die Zwiebel würfeln und in 1 EL Sojaöl glasig andünsten. Das Gemüse zugeben und anbraten. Die Brühe angießen und mit Salz und Pfeffer würzen. Curry, Couscous-Gewürz, Harissa und die Kaffirzitronenblätter unterrühren und die Kichererbsen zugeben. Mit geschlossenem Deckel etwa 15 Minuten garen.

3   Den Tofu in Streifen schneiden und in den letzten 5 Minuten mit dem Gemüse zusammen garen.

4   Das Miso in 500 ml warmes Wasser geben und einmal aufkochen lassen. Über das Couscous geben, die Mandelblättchen zufügen, umrühren und etwa 10 Minuten ausquellen lassen. Mit einer Gabel auflockern und mit dem Gemüse auf Tellern anrichten. Die Hanfsamen darüberstreuen.

Zubereitung: 30 Minuten

TIPP: Couscous ist ein Weizenprodukt. Er ist eine Art Hartweizengrieß und besonders beliebt in Nordafrika. Unter der Einwirkung von Dampf bildet der Hartweizengrieß Körnchen, die dann anschließend getrocknet werden. Er ist nicht so fein wie der Grieß, den wir kennen. So bleibt er beim Garen gröber und körniger. Es gibt im Handel bereits vorgegarten Couscous, der nur noch kurz mit heißem Wasser übergossen wird und etwa 10 Minuten quellen muss. Danach einfach mit einer Gabel auflockern und als Beilage servieren.

Gnocchi mit Morchel-Sojarahm

Für 4 Portionen:

900 g mehligkochende Kartoffeln
200 g Sojamehl
Salz
40 g getrocknete Morcheln
3 Schalotten
3 EL Sojamargarine
1 kleine Dose (400 g) stückige Tomaten
3 EL rote Linsen (versorgen mit Vitamin
  B2 und Chrom sowie Ballaststoffen und Eiweiß und verleihen eine
  besonders cremige Konsistenz)
200 g Tofu-Rosso
250 ml Sojacreme (zum Kochen)
100 ml Brottrunk (stärkt den Darm und das
  Immunsystem durch Brotgetreidesäurebakterien, liefert zudem wertvolle Aminosäuren, Vitamine und Mineralstoffe)
Salz, Pfeffer
3 Stiele glatte Petersilie

So geht's:

1 Die Kartoffeln schälen, 20 Minuten kochen, abgießen und noch warm zerstampfen oder durch die Kartoffelpresse in eine
Schüssel drücken.

2 Die Kartoffelmasse durchkneten und dabei nach und nach das Sojamehl unterarbeiten, salzen und zu einem weichen elasti-
schen Teig verarbeiten.

3 Eine Teigkugel formen, diese in vier Portionen teilen und jeweils zu einer Rolle von
etwa 2 cm Ø formen. Mit einem Messer in
etwa 2 cm lange Stücke schneiden.

4 Nun aus den Teigstücken mit bemehlten
Händen Rollen formen und auf den Zinken
einer mit Mehl bestäubten Gabel etwas
flach drücken und den Gnocchi so die typi-
sche Kerbung geben. Auf einem trockenen
Tuch beiseitelegen.

5 Für die Soße die Morcheln mit 150 ml
kochendem Wasser übergießen und etwa
15 Minuten einweichen.

6 Die Schalotten würfeln und in der Sojamargarine goldgelb andünsten. Die Tomaten zugeben und aufkochen lassen. Die
Morcheln mit dem Einweichwasser und die
roten Linsen zu den Tomaten geben und mit
geschlossenem Deckel etwa 20 Minuten
köcheln lassen.

7 Den Tofu-Rosso mit einer Gabel zerdrücken
und unterrühren. Die Sojacreme ebenfalls zugeben und einmal aufkochen lassen. Den
Brottrunk zugießen und mit Salz und Pfeffer
würzen. Die Petersilie hacken und daraufstreuen.

8 Für die Gnocchi reichlich Salzwasser zum
Kochen bringen. Gnocchi zugeben und gar
ziehen lassen. Wenn die Gnocchi aufsteigen,
sind sie gar und können mit einem Schaum-
löffel herausgehoben werden. Etwas abtropfen lassen und zusammen mit der
Morchelsoße auf Tellern anrichten.

Zubereitung: 60 Minuten

TIPP: Gnocchi sind eine tolle Abwechslung
zu Kartoffeln und können in vielen Gerichten auch die Nudeln ersetzen. Durch ihre
besondere Rillenform nehmen sie die Soße
gut auf. Unser Gnocchi-Grundrezept können
Sie vielfältig variieren. Sehr einfach und
schnell gemacht sind Gnocchi mit einigen
Esslöffeln Pesto, frischen Basilikumblättchen und und frisch gemahlenem Pfeffer
bestreut.

Reistopf mit Sojaklößchen

Für 4 Portionen:

300 ml Gemüsebrühe
1 TL Miso
2 TL Oregano
Salz
100 g Soja-Schnetzel, fein
2 Möhren
300 g Brechbohnen
1 Zwiebel
2 EL Sojaöl
200 g Parboiled Reis
1 Dose (800 g) geschälte Tomaten
Pfeffer
2 EL Ajvar-Creme

So geht's:

1 Die Brühe einmal aufkochen. Das Miso, das Oregano und ½ TL Salz einrühren. Soja-Schnetzel zugeben, unterrühren und ca. 10 Minuten quellen lassen.

2 Die Möhren in Scheiben schneiden. Die Bohnen entfädeln und in Stücke schneiden. Die Zwiebel würfeln und im Sojaöl goldgelb andünsten. Den Reis zufügen und unter Rühren glasig andünsten.

3 Die Möhren, die Bohnen und die geschälten Tomaten zugeben. Mit Salz, Pfeffer und Ajvar sehr kräftig würzen und mit geschlossenem Deckel 30–35 Minuten garen.

4 Das Soja-Schnetzel evtl. etwas ausdrücken. Zu kleinen Bällchen formen und in den letzten 10 Minuten im Reistopf mitgaren.

Zubereitung: 50 Minuten
Quellzeit: 10 Minuten

Paprika-Geschnetzeltes

Für 4 Portionen:

4 rote Paprikaschoten
2 Zwiebeln
2 EL Sojaöl
3 EL Ajvar-Creme
1 EL Harissa
2 TL Paprikamark
Salz
Pfeffer
Edelsüß-Paprika
100 g Soja-Schnetzel, fein
500 g stückige Tomaten
1–2 TL Oregano

So geht's:

1 Die Paprika grob würfeln. Die Zwiebeln in feine Würfel schneiden.

2 Das Sojaöl erhitzen und die Zwiebeln und die Paprikawürfel darin kross anbraten. Ajvar, Harissa und Paprikamark einrühren. Mit Salz, Pfeffer und Paprikapulver würzen. Das Soja-Schnetzel einrühren, die stückigen Tomaten zufügen und mit geschlossenem Deckel etwa 15 Minuten garen.

3 Die Soße mit Oregano abschmecken und dazu Nudeln oder Pellkartoffeln servieren.

Zubereitung: 30 Minuten

Kartoffeln mit Bratgemüse und Sprossensalat

Für 4 Portionen:

4 Schalotten
200 g Soja- oder Mungbohnensprossen
5 EL Estragonessig
2 TL Olivenöl
Salz
Pfeffer
¼ TL gemahlener Ingwer
4 große Kartoffeln (à ca. 250 g)
2 Knoblauchzehen
4 große, grüne Spitzpaprika
1 EL Sojaöl
2 große Fleischtomaten
6 EL Gemüsemais
250 ml Sojacreme (zum Kochen)
½ TL Majoran

So geht's:

1 Die Schalotten abziehen und in Spalten schneiden. Die Soja- oder Munghohnen-sprossen abspülen. Zusammen mit den Schalotten, 1/8 l Wasser und dem Essig einmal kurz aufwallen und dann in der Flüssigkeit abkühlen lassen.

2 Die Sprossen und die Schalotten heraus-heben. In eine Schüssel geben und mit dem Olivenöl und 5–6 EL vom Sud mischen. Mit Salz, Pfeffer und Ingwer würzen und durch-ziehen lassen.

3 Die Kartoffeln gründlich abbürsten, wa-schen und in Alufolie einwickeln. In eine Auflaufform geben und bei 200 °C etwa 1 Stunde garen.

4 Den Knoblauch in Scheiben schneiden. Die Spitzpaprika in Streifen schneiden und im Sojaöl kräftig anbraten. Den Knoblauch zufügen. Die Tomaten würfeln, zugeben und mitdünsten. Die Maiskörner hineingeben, die Sojacreme einrühren. Mit Salz, Pfeffer und Majoran würzen und zugedeckt ca. 10 Minuten köcheln lassen.

5 Die Kartoffeln aus dem Ofen nehmen. Die Alufolie entfernen und die Kartoffeln an der Oberseite einmal tief einschneiden und auf-brechen. Das Paprikagemüse darauf vertei-len und den Sprossensalat dazu anrichten.

Zubereitung: 1 Stunde + 20 Minuten

Bunter Bohnentopf

Für 4 Portionen:

je 50 g gelbe Sojabohnen und
    weiße Riesenbohnen
je 50 g gelbe und grüne Schälerbsen
2 große Zwiebeln
2 EL Sojaöl
400 ml Gemüsebrühe
1 Bund Bohnenkraut
1 Zwiebelknoblauch
1 TL Galgant
Salz, Pfeffer
4 EL Pesto Rosso
4 Scheiben Bauernbrot

So geht's:

1 Die Sojabohnen, die Riesenbohnen und die Schälerbsen mit kochendem Wasser übergießen und über Nacht quellen lassen.

2 Am nächsten Tag die eingeweichten Hülsenfrüchte in einen Durchschlag abgießen und abtropfen lassen.

3 Die Zwiebeln würfeln und im heißen Sojaöl goldgelb andünsten. Die abgetropften Hülsenfrüchte zugeben und mit andünsten. Die Brühe angießen. Bohnenkraut, Zwiebelknoblauch und Galgant zufügen und mit geschlossenem Deckel etwa 50 Minuten köcheln lassen.

4 Das Bohnenkraut entfernen. Den Knoblauch aus der Schale drücken, zermusen und wieder zugeben. Den Bohnentopf mit Salz und Pfeffer abschmecken und das Pesto unterrühren. Dazu das Brot essen.

Zubereitung: 60 Minuten
Einweichzeit: 12 Stunden

TIPP: Sie können dieses Bohnengericht auch im Backofen variieren. Mischen Sie dazu nach dem Garen 500 g stückige Tomaten unter, geben Sie alles in eine Auflaufform und lassen es bei 180 °C etwa 30 Minuten garen. Mit etwas Balsamico-Essig abschmecken.

Auberginen-Kichererbsen-Ragout

Für 4 Portionen:

2 Auberginen
2 Schalotten
2 Knoblauchzehen
1 Dose (400 g) Kichererbsen
3 EL Sojaöl
1 TL Kreuzkümmel
3 EL Sesamsaat, ungeschält
1 große Dose (800 g) geschälte Tomaten
2 EL Harissa
Salz, Pfeffer
200 g Vollkornreis
2 große Zwiebeln
1 EL Olivenöl (z. B. aus Kalamata)
1 Bund glatte Petersilie

So geht's:

1 Die Auberginen längs vierteln und in dickere Scheiben schneiden. Die Schalotten und den Knoblauch in Scheiben schneiden. Die Kichererbsen in einem Sieb abtropfen lassen.

2 In einem weiten Topf das Sojaöl erhitzen. Kreuzkümmel und Sesam darin unter Rühren rösten. Zwiebeln und Knoblauch zugeben und mitbraten. Die Auberginen und die Kichererbsen hinzufügen und andünsten.

3 Die geschälten Tomaten zugeben. Harissa einrühren, salzen, pfeffern und mit geschlossenem Deckel etwa 40 Minuten garen.

4 In der Zwischenzeit den Reis in Salzwasser etwa 45 Minuten bissfest garen. Die Zwiebeln halbieren, in Scheiben schneiden und im Olivenöl knusprig anrösten. Die Petersilie fein hacken.

5 Den Reis mit dem Ragout auf Tellern anrichten. Die Röstzwiebeln und die gehackte Petersilie als Topping oben draufgeben.

Zubereitung: 60 Minuten

Penne mit Tomaten-Olivensoße und Sojabällchen

Für 4 Portionen:
1 Packung Falafel-Mix (ausreichend
  für 15–20 Kichererbsenbällchen)
2 Knoblauchzehen
1 Zwiebel
6 getrocknete Tomaten
5 schwarze Oliven ohne Stein
2 EL Sojaöl
½ TL Miso
2 EL Sojasoße
1 große Dose (800 g) geschälte Tomaten
Salz, Pfeffer
500 g Penne Rigate, aus Hartweizengrieß ohne Ei
500 g Kokosfett zum Frittieren

So geht's:
1   Die Falafel-Fertigmix-Mischung in 160 ml warmes Wasser einrühren und etwa 10 Minuten quellen lassen.

2   Für die Soße den Knoblauch und die Zwiebel würfeln. Die getrockneten Tomaten in Streifen schneiden und die Oliven halbieren. Alles im Sojaöl andünsten.

3   Das Miso und die Sojasoße unterrühren. Die geschälten Tomaten zufügen, dabei etwas zerschneiden, mit Salz und Pfeffer würzen und ca. 20 Minuten köcheln lassen.

4   Die Penne in reichlich kochendes Salzwasser geben und 8–10 Minuten bissfest garen. Anschließend abgießen und abtropfen lassen.

5   Das Kokosfett in einem kleinen Topf erhitzen. Aus der Falafelmasse mit angefeuchteten Händen kleine Bällchen formen und 1–2 Minuten frittieren. Alles anrichten.

Zubereitung: 35 Minuten

Penne mit Tomaten-Olivensoße und Sojabällchen

Bulgur-Möhren-Topf mit würzigem Brat-Tofu

Für 4 Portionen:
200 g Bulgur
4 EL Sojaöl
400 ml Gemüsebrühe
Salz
3 Knoblauchzehen
4 Möhren
1 große Zwiebel
Pfeffer
400 g Natur-Tofu
2 TL Tofu-Gewürz
Zitronen-Pfeffer

So geht's:
1   Den Bulgur in 1 EL Sojaöl unter Rühren anrösten. Die Brühe zugießen, salzen, einmal aufkochen lassen und etwa 15 Minuten quellen lassen.

2   Den Knoblauch und die Möhren in Scheiben schneiden. Die Zwiebel würfeln und in 1 EL Sojaöl glasig andünsten. Die Möhren zugeben und mit andünsten. Mit Salz und Pfeffer würzen. Den Knoblauch und etwa 5 EL Wasser zufügen und mit geschlossenem Deckel ca. 10 Minuten dünsten.

3   Den Tofu in dickere Scheiben schneiden. Im restlichen Sojaöl von beiden Seiten knusprig goldbraun braten. Zum Schluss mit Tofu-Gewürz und Zitronen-Pfeffer bestreuen.

4   Die Möhren unter den Bulgur heben, abschmecken und mit dem Brat-Tofu auf Tellern anrichten.

Zubereitung: 30 Minuten

Desserts und Gebäck

Geeistes Kirschdessert mit Schokoraspeln

Für 4 Portionen:
250 g Süßkirschen
500 g Sojayogurt
3 EL Rohrzucker
2 Riegel Bitterschokolade

So geht's:

1 Die Kirschen entsteinen, in eine flache Schale geben und etwa 20 Minuten in den Gefrierschrank stellen.

2 Die angefrorenen Kirschen in den Mixer geben und kurz zerkleinern. Den Sojayogurt und den Rohrzucker zufügen und einmal kurz durchmixen. In vier Dessertgläser füllen und die Schokolade darüberraspeln.

Zubereitung: 10 Minuten
Gefrierzeit: 20 Minuten

TIPP: Je nach Stärke des Mixers können die Kirschen durchgefroren sein oder sollten leicht antauen. Das müssen Sie testen, den die Küchengeräte sind sehr unterschiedlich. Bleiben die Kirschen gefroren, so verleihen sie dem Dessert besonderen Eischarakter.

Geeistes Kirschdessert
mit Schokoraspeln

Melonensalat mit Sojaflocken und Sojasahne

Für 4 Portionen:
150 ml Sojasahne
je ½ kleine Honigmelone und Cantalupemelone
¼ Wassermelone
4 EL knusprige Soja-Flocken (die gedämpften und zu Flocken gewalzten Sojabohnen sind leicht geröstet, verleihen nussigen Geschmack und liefern eine Extraportion Eiweiß)
3 EL Rohrzucker
½ Päckchen Bio-Sahnestark

So geht's:

1 Die Sojasahnepackung, die Rührschüssel und die Schneebesen des Handrührgerätes mindestens ½ Tag in den Kühlschrank stellen.

2 Das Fruchtfleisch der verschiedenen Melonen in gleichmäßige Würfel schneiden, dabei evtl. die Kerne entfernen. Die Melonenwürfel in eine Schüssel geben.

3 Die Soja-Flocken mit 2 EL Rohrzucker mischen, in einer Pfanne erhitzen und knusprig goldgelb rösten. Dabei sofort, wenn die erste Flocke goldbraun wird, alles auf einen Teller zum Auskühlen schütten. Dann die gerösteten Knusperflocken mit den Melonenwürfeln in der Schüssel mischen.

4 Die Sojasahne mit dem restlichen Rohrzucker und dem Sahnestark verrühren und mit den Schneebesen des Handrührgerätes aufschlagen. Zu dem Melonensalat servieren.

Zubereitung: 30 Minuten

Foto Seite 208

Mango-Torte mit Knusperboden

Für ca. 12 Stücke:

½ Rezept Mandel-Kugeln (von Seite 217)
2 Dosen (à 400 g) Mangoscheiben
3 ½ TL Agar Agar
5 Blättchen Zitronenmelisse
600 ml Sojasahne
8 EL Rohrzucker
2 Päckchen Bio-Sahnestark
250 ml Sojacreme (zum Kochen)
Saft von 2 Limetten
300 g Brotaufstrich auf Sojabasis natur
   (wie Frischkäse)

So geht's:

1 Aus den Zutaten der Mandel-Kugeln wie beschrieben einen Mürbeteig herstellen. Etwas ausrollen und in eine mit Backpapier ausgelegte Springform (24 cm Ø) geben. Den Teig etwa ½ cm am Rand hochdrücken. Bei 200 °C etwa 15 Minuten backen.

2 Den Teigboden mit einem Pallettiermesser sehr vorsichtig vom Backpapier lösen und auf eine Tortenplatte schieben. Den Springformrand wieder herumlegen und den Boden vollständig auskühlen lassen.

3 Die Mangoscheiben abtropfen lassen, den Saft dabei auffangen. Die Früchte pürieren, in einen kleinen Topf geben und 1 TL Agar Agar einrühren. Zum Kochen bringen, etwa 2 Minuten unter Rühren kochen und dann leicht abkühlen lassen. Die Melisseblättchen sehr fein hacken und unterrühren.

4 Die Sojasahne mit 4 EL Rohrzucker und dem Sahnestark verrühren und mit den Schneebesen das Handrührgerätes steif schlagen.

5 Die Sojacreme, den Limettensaft, den restlichen Rohrzucker und 2 TL Agar Agar in einem weiten Topf verrühren. Aufkochen und unter Rühren ca. 2 Minuten kochen lassen.

6 Die Sojacreme unter Rühren abkühlen lassen. Den Brotaufstrich unterrühren und die geschlagene Sahne vorsichtig kellenweise unter die fast kalte Creme heben.

7 Vom Mangosaft 200 ml abmessen, mit ½ TL Agar Agar verrühren. Aufkochen, etwa 2 Minuten kochen und erkalten lassen.

8 Zum Füllen der Torte zunächst die Hälfte der Sahnecreme auf den Tortenboden streichen. Dann etwas von dem Mangopüree daraufgeben und glatt streichen.

9 Die restliche Sahnecreme darauf glatt streichen. Das restliche Mangopüree mit dem angedickten Mangosaft verrühren und als Schicht auf die Creme geben. Mit einer Gabel spiralförmig leicht durch die Cremeschicht ziehen und glatt streichen. Die Mango-Torte für mindestens 12 Stunden im Kühlschrank kalt stellen.

Zubereitung: 60 Minuten
Backzeit: 15 Minuten
Kühlzeit: 12 Stunden

KRÜMMELKEKSBODEN: Dazu ca. 220 g Mandel-Kugeln (siehe Seite 217) in einen Gefrierbeutel geben, verschießen und mit Hilfe einer Teigrolle zerbröseln. Anschließend lassen Sie 150 g Sojamargarine schmelzen und vermischen sie dann mit den Bröseln. Nun einfach eine Springform einfetten und die Mandel-Bröselmasse als Boden auf den Springformboden geben und einen etwa 2 cm breiten Rand hochdrücken. Dann die Torte nach Belieben weiter verarbeiten.

Kokos-Frischkäse-Torte mit Limetten

Für ca. 12 Stücke:

250 g Vollkorntoteletts, eifrei
125 g Sojamargarine
400 ml Kokosmilch
100 g Rohrzucker
3 ¼ TL Agar Agar
450 g Brotaufstrich auf Sojabasis natur
   (wie Frischkäse)
4 Limetten
einige Blättchen Pfefferminze
3 EL Kokosflocken

So geht's:

1 Die Vollkorntoteletts in einen Gefrierbeutel füllen und mit der Teigrolle zerkleinern. Die Margarine schmelzen lassen, mit den Toteletts verrühren und auf den Boden einer Springform drücken. Den Springformrand darumlegen.

2 Die Kokosmilch und den Rohrzucker mit 3 TL Agar Agar verrühren. In einem kleinen Topf aufkochen und dann etwa 2 Minuten unter Rühren kochen lassen. Anschließend mit dem Schneebesen unter gelegentlichem Rühren leicht abkühlen lassen.

3 Den Brotaufstrich mit einem Schneebesen cremig aufschlagen. Saft von 2 Limetten dabei unterrühren. Von der abkühlenden Kokosmilch nach und nach eine Kelle zugeben und unterrühren. Zwischendurch die Kokosmilch immer wieder kalt rühren. Dann auf den Totelettboden in die Springform geben und glatt streichen.

4 Die restliche Limetten in 12 dünne Scheiben schneiden. Mit 100 ml Wasser in einen Topf geben und bei niedriger Hitze etwa 5 Minuten köcheln lassen. Die Limetten herausheben und auf der Torte am äußeren Rand kreisförmig im Abstand der Tortenstücke anrichten.

5 Das restliche Agar Agar in das Limettenkochwasser geben. Mit einem Schneebesen kräftig unterschlagen und kurz unter Rühren kochen lassen. Unter Rühren sehr stark abkühlen lassen.

6 Den Limettenguss als letzte Schicht oben auf die Torte geben. Die Minzeblättchen dekorativ auf der Torte anrichten, die Kokosflocken überstreuen und die Torte für mindestens 12 Stunden kalt stellen.

Zubereitung: 1 Stunde + 20 Minuten
Kühlzeit: 12 Stunden

TIPP: Die Limettenscheiben müssen vor dem Tortengenuss abgenommen werden, verleihen aber der Torte ein ganz besonderes Aroma. Schneiden Sie deshalb die Tortenstücke entlang der Limettenscheiben. Sie können die Torte natürlich auch mit kandierten Limettenscheiben dekorieren oder nach dem Erkalten Bitterschokoraspel zur Dekoration überstreuen.

Tiramisu-Yogurt-Torte

Für 12 Stücke:
150 g Löffelbiskuits
4 EL Kaffeelikör
75 ml kalter Kaffee
650 ml Vanille-Sojadrink
3 TL Agar Agar
200 g weiße Kuvertüre
300 g Brotaufstrich auf Sojabasis natur
   (wie Frischkäse)
250 ml Sojayogurt
4 EL Rohrzucker
100 ml Amaretto
40 g Hanfsamen-Schokolade

So geht's:
1   Die Löffelbiskuits dicht nebeneinander auf den Boden einer Springform legen. Den Likör mit dem Kaffee verrühren und gleichmäßig auf die Biskuits träufeln.

2   Den Vanille-Sojadrink mit dem Agar Agar verrühren und unter Rühren zum Kochen bringen. Unter Rühren 2 Minuten kochen lassen (Achtung: kocht leicht über, wenn der Schaum aufsteigt!). Dann unter gelegentlichem Rühren wieder erkalten lassen.

3   Die Kuvertüre in Stücke brechen und im heißen Wasserbad schmelzen lassen.

4   Den Brotaufstrich natur mit dem Sojayogurt, dem Rohrzucker, der flüssigen Kuvertüre und dem Amaretto verschlagen. Die warme Vanillecreme kellenweise nach und nach unterrühren. Leicht anziehen lassen und auf die Löffelbiskuits geben.

5   Die Schokolade darüber raspeln und etwa 12 Stunden im Kühlschrank kalt stellen.

Zubereitung: 40 Minuten
Kühlzeit: 12 Stunden

Hefeteig-Grundrezept – pikant

Für 1 Blechkuchen, vier Pizze oder 12 Brötchen:
500 g Dinkelmehl (Type 1050)
1 Würfel Hefe
1 TL Rohrzucker
¼ l Sojadrink mit Calcium, handwarm
1 EL Pfeilwurzelstärke
50 ml Sojaöl
½ TL Salz

So geht's:
1   Das Mehl in eine Schüssel sieben und in die Mitte eine Mulde drücken. Die Hefe hineinbröckeln. Den Zucker und 50 ml handwarmen Sojadrink zugeben. Mit etwas Mehl zum Vorteig verrühren.

2   Die Pfeilwurzelstärke, das Sojaöl, den restlichen Sojadrink und das Salz zufügen und mit den Knethaken des Handrührgerätes verkneten. Anschließend mit den Händen zum glatten Teig verkneten. Zu einer Kugel formen und abgedeckt an einem warmen Ort etwa 30 Minuten gehen lassen.

3   Den Teig nochmals durchkneten. Dann wie im jeweiligen Rezept beschrieben weiter verarbeiten.

Zubereitung: 30 Minuten
Wartezeit: 30 Minuten

TIPP: Hefeteig ist ganz einfach herzustellen. Sie können daraus am Morgen frische Brötchen backen oder gefüllte Partybrötchen herstellen. Auch salziges Gebäck, Brot oder Pizza. Unsere Rezeptvorschläge mit Hefeteig – pikant finden Sie:
Pikante Partybrötchen *Seite 230*
Olivenbrot *Seite 226*
Tomatenbrot *Seite 226*
Gemüsepizza *Seite 153*
Pizza-Törtchen *Seite 150*

Möhrenkuchen mit Zimt

Für ca. 12 Stücke:
200 g Weizenmehl (Type 405)
180 g Rohrzucker
2 Päckchen Vanillezucker
1 TL Natron
1 TL Weinstein-Backpulver
2 TL Zimt
½ TL Salz
5 EL geriebene Haselnüsse
100 g Möhren
200 ml Sojayogurt
100 ml Sojaöl
Margarine und Mehl für die Form
Puderzucker zum Bestäuben

So geht's:
1 Das Mehl in einer großen Schüssel mit dem Rohrzucker, dem Vanillezucker, dem Natron, dem Backpulver, dem Zimt, dem Salz und den Haselnüssen vermischen.

2 Die Möhren schälen und reiben. Mit dem Sojayogurt und dem Sojaöl vermischen. Nach und nach die Mehlmischung mit einem Kochlöffel unterarbeiten.

3 Eine Springform mit der Margarine ausstreichen und gut bemehlen. Den Möhrenkuchenteig einfüllen und glatt streichen. Auf der mittleren Einschubleiste bei 180 °C etwa 35 Minuten backen.

4 Den Kuchen aus der Form lösen, auf ein Kuchengitter stürzen und vollständig auskühlen lassen. Mit Puderzucker gleichmäßig bestäuben.

Zubereitung: 30 Minuten
Backzeit: 35 Minuten

Mandel-Kugeln

Für ca. 50 Stück:
200 g Mandeln
2 TL Ei-Ersatz
100 g Dinkelmehl (Type 1050)
200 g Weizenmehl (Type 405)
100 g Rohrzucker
100 g Kristallzucker
1 Päckchen Vanillezucker
200 g Sojamargarine
1 Prise Salz

So geht's:
1 Die Mandeln in einer Pfanne ohne Fettzugabe unter Wenden rösten. Dabei allerdings nicht zu dunkel werden lassen. Anschließend fein vermahlen.

2 Dann für den Mürbeteig zunächst das Ei-Ersatz mit 2 EL Wasser glatt rühren. Das Mehl auf eine Arbeitsfläche geben. In die Mitte des Mehls die gemahlenen Mandeln, den Zucker und den Vanillezucker geben. Eine Mulde hinein drücken, das angerührte Ei-Ersatz hinein geben und mit einer Gabel verrühren. Den Brei mit Mehl bedecken.

3 Die Sojamargarine als Flöckchen auf den Mehlrand setzen und alles mit einem Messer durchhacken, bis das ganze Fett verteilt ist.

4 Erst mit kalten Händen zu einem Kloß zusammendrücken und dann schnell zu einem glatten Teig verkneten. Zu einer Kugel formen und in Klarsichtfolie wickeln. Im Kühlschrank mindestens 30 Minuten kalt stellen.

5 Aus dem Teig eine Rolle formen (etwa 3 cm Ø). Davon gleichmäßige Stücke schneiden und zu Kugeln formen. Auf ein mit Backpapier belegtes Backblech legen und bei 220 °C 8–10 Minuten backen.

Zubereitung: 50 Minuten
Wartezeit: 30 Minuten
Backzeit: 12 Minuten

Möhrenkuchen mit Zimt

Flammerie mit Karamellbirnen

Für 4 Portionen:
4 halbe Birnen (aus der Konserve)
100 g Rohrzucker
2 TL Ei-Ersatz
500 ml Sojadrink
2 EL Kristallzucker
1 TL Sojamargarine
1 Prise Salz
Mark von 1 Vanilleschote
40 g Speisestärke
300 ml Sojasahne

So geht's:

1 Die Birnenhälften jeweils in eine weite Dessertschale legen.

2 Den Rohrzucker in eine Pfanne geben und erhitzen. Unter Rühren leicht goldgelb karamellisieren lassen und über die Birnenhälften gießen.

3 Für den Flammerie zunächst das Ei-Ersatz mit 2 EL Wasser glatt rühren. Von dem Sojadrink 3 EL in eine kleine Schale geben.

4 Restlichen Sojadrink, den Zucker, die Sojamargarine, das Salz und das Vanillemark in einem Topf zum Kochen bringen.

5 Die Speisestärke in dem aufbewahrten Sojadrink verquirlen. Das Ei-Ersatz unterrühren. Eine kleine Kelle des kochenden Sojadrinks klümpchenfrei in die angerührte Speisestärke einrühren. Dann diese Flüssigkeit in den kochenden Sojadrink einrühren. Unter Rühren etwa 1 Minute köcheln lassen.

6 Die Sojasahne steif schlagen und nach und nach unter den Flammerie heben. Dann auf den Karamellbirnen verteilen.

Zubereitung: 30 Minuten

Sojapudding mit Pflaumensoße

Für 4 Portionen:
3 getrocknete Feigen
2 EL Ahornsirup
250 g Pflaumen
Saft von ½ Zitrone
½ TL Zimt
1 l Sojadrink mit Calcium
2 Päckchen Vanille-Puddingpulver
    (für ½ l Flüssigkeit)
2–3 EL Rohrzucker
Eventuell Schokoraspel

So geht's:

1 Die Feigen in kleine Würfel schneiden und mit dem Ahornsirup mischen. Die Pflaumen waschen, entsteinen und grob würfeln. Mit den Feigen in einem kleinen Topf mischen, erhitzen und etwa 10 Minuten bei kleiner Hitze köcheln lassen. Mit Zitronensaft und Zimt abschmecken.

2 Den Sojadrink in einen Topf geben. Etwa 6 EL Sojadrink abnehmen und mit dem Puddingpulver und dem Rohrzucker klümpchenfrei verrühren.

3 Den Sojadrink im Topf unter Rühren aufwallen lassen. Etwa 1 Kelle vom heißen Sojadrink zum angerührten Puddingpulver geben und glatt rühren. Dann das angerührte Puddingpulver zur kochenden Sojamilch geben und etwa 2 Minuten unter ständigem Rühren köcheln lassen.

4 Den Sojapudding noch heiß in Portionsschälchen füllen und mit der Pflaumensoße anrichten. Eventuell einige Schokoraspel auf den noch heißen Sojapudding aufstreuen.

Zubereitung: 30 Minuten

Sojapudding mit Pflaumensoße

Zitronenkuchen

Für ca. 24 Stücke:
300 g Weizenmehl (Type 405)
250 ml Sojadrink
200 g Rohrzucker
125 ml Sojaöl
1 Päckchen Weinstein-Backpulver
1 Päckchen Vanillezucker
1 Zitrone
3–4 EL Puderzucker

So geht's:
1 Das Mehl, den Sojadrink, den Rohrzucker, das Sojaöl, das Backpulver und den Vanillezucker in eine Rührschüssel geben. Die Zitronenschale abreiben und dazugeben. Alle Zutaten mit dem Handrührgerät sehr gleichmäßig vermischen.

2 Ein Kuchenblech mit Backpapier auslegen. Den Teig auf das Backblech streichen und auf der mittleren Einschubleiste im Backofen bei 180 °C etwa 30 Minuten goldbraun backen.

3 Den Puderzucker mit etwa 2 EL Zitronensaft verrühren und den leicht erkalteten Kuchen damit bestreichen.

Zubereitung: 20 Minuten
Backzeit: 30 Minuten

TIPP: Vanillezucker selbst gemacht, das geht ganz einfach: Schneiden Sie eine Vanilleschote der Länge nach auf und geben Sie diese in ein Glas. Mit feinem Rohrohrzucker auffüllen, das Glas verschließen und den Zucker 1–2 Tage aromatisieren lassen.

Hefeteig-Grundrezept für Kuchen

Für 1 Blech (ca. 24 Stücke):
500 g Weizenmehl (Type 405)
1 Würfel Hefe
40 g Rohrzucker
250 ml Sojadrink mit Calcium, handwarm
1 Prise Salz
100 g weiche Sojamargarine

So geht's:
1 Das Mehl in eine Schüssel sieben. In die Mitte eine Mulde drücken und die Hefe hineinbröckeln. Etwas Rohrzucker über die Hefe streuen, den Sojadrink darübergießen. Die Hefe darin unter Rühren auflösen.

2 Den restlichen Rohrzucker, das Salz und die Sojamargarine in Flöckchen auf dem Mehlrand verteilen. Alle Zutaten mit der Hand oder mit den Knethaken des Handrührgerätes von der Mitte aus zu einem glatten Teig verarbeiten.

3 Den Teig zugedeckt an einem warmen Ort etwa 30 Minuten gehen lassen, bis sich das Volumen verdoppelt hat. Den Teig noch einmal gut durchkneten und nach Belieben weiterverarbeiten. Nochmals 15 Minuten gehen lassen, dann auf der mittleren Einschubleiste bei 180 °C etwa 30 Minuten backen.

Zubereitung: 25 Minuten
Wartezeit: 30 Minuten
Backzeit: 30 Minuten

Mandelkuchen

Mohnkuchen

Für ca. 24 Stücke:
1 Hefeteig-Grundrezept für Kuchen
   (Seite 220)
150 g Sojamargarine
80 g Rohrzucker
150 g Mandelblättchen

So geht's:
1 Den Hefeteig für Kuchen wie im Rezept auf Seite 220 zubereiten, zur Kugel formen und 30 Minuten gehen lassen.

2 In der Zwischenzeit die Sojamargarine in einem Topf schmelzen und den Rohrzucker zugeben. Die Mandelblättchen dazugeben und gut vermischen.

3 Den Hefeteig auf einem gefetteten Backblech ausrollen. Die Mandelmischung darauf verteilen und glatt streichen. Nochmals 15 Minuten gehen lassen und dann auf der mittleren Einschubleiste bei 180 °C etwa 30 Minuten backen.

Zubereitung: 25 Minuten
Wartezeit: 45 Minuten
Backzeit: 30 Minuten

Für ca. 24 Stücke:
1 Hefeteig-Grundrezept für Kuchen
   (Seite 220)
1 Päckchen Vanille-Puddingpulver
¼ l Sojadrink
100 g Rohrzucker
300 g Mohn
½ TL Zimt
50 g Rosinen
2–3 EL Puderzucker
1 EL Zitronensaft

So geht's:
1 Den Hefeteig für Kuchen wie im Rezept auf Seite 220 zubereiten, zur Kugel formen und 30 Minuten gehen lassen.

2 In der Zwischenzeit das Puddingpulver nach Packungsanweisung in dem Sojadrink mit dem Rohrzucker zubereiten. Den Mohn und den Zimt dazugeben und verrühren.

3 Den Hefeteig auf einem gefetteten Backblech ausrollen und mit den Rosinen bestreuen. Die Mohnmasse darauf geben, glatt streichen und den Mohnkuchen im Backofen auf der mittleren Einschubleiste bei 175 °C etwa 30 Minuten backen.

4 Den Puderzucker mit dem Zitronensaft verrühren und den Mohnkuchen nach dem Backen sofort damit bestreichen.

Zubereitung: 25 Minuten
Wartezeit: 30 Minuten
Backzeit: 30 Minuten

Streuselkuchen

1 Hefeteig-Grundrezept für Kuchen
    (Seite 220)
150 g Dinkelmehl (Type 1050)
100 g kalte Sojamargarine
2 EL Agavendicksaft
1 Glas (250 g) Johannisbeermarmelade

So geht's:
1 Den Hefeteig für Kuchen wie im Rezept auf Seite 220 zubereiten, zur Kugel formen und etwa 30 Minuten gehen lassen.

2 Das Mehl in eine Schüssel sieben und die Sojamargarine in Flöckchen darauf verteilen. Den Agavendicksaft zufügen und mit den Knethaken des Handrührgerätes zu Streuseln verarbeiten.

3 Den Hefeteig auf einem mit Backpapier ausgelegten Backblech ausrollen und mit der Johannisbeermarmelade bestreichen. Die Streusel gleichmäßig darauf verteilen und auf der mittleren Einschubleiste bei 175 °C etwa 50 Minuten backen.

Zubereitung: 25 Minuten
Wartezeit: 30 Minuten
Backzeit: 50 Minuten

Gugelhupf

Für ca. 24 Stücke:
250 g weiche Sojamargarine
150 g Rohrzucker
400 g Dinkelmehl (Type 1050)
250 g Sojayogurt
½ TL Natron
1 Prise Salz
1 Päckchen Weinstein-Backpulver
Sojamargarine und Mehl für die Form

So geht's:
1 Die Margarine und den Rohrzucker mit den Schneebesen des Handrührgerätes schaumig schlagen. Nach und nach das Mehl, den Sojayogurt, das Natron, das Salz und das Weinstein-Backpulver zugeben und unterrühren.

2 Den Teig 5 Minuten cremig rühren. Eine Gugelhupfform sehr gut mit Margarine einfetten und mit Mehl bestäuben. Den Rührteig einfüllen.

3 Den Gugelhupf auf der mittleren Einschubleiste im Backofen bei 180 °C etwa 45 Minuten backen. Herausnehmen, aus der Form lösen, abkühlen lassen und gleichmäßig mit Puderzucker bestäuben.

Zubereitung: 25 Minuten
Backzeit: 45 Minuten

Gugelhupf

Waffeln mit Blaubeersoße und Sojasahne

Für 4 Portionen:

300 ml Sojasahne
1 Vanilleschote
5 getrocknete Aprikosen
200 g Blaubeeren
1 TL Ahornsirup
4 TL Ei-Ersatz
125 g Sojamargarine
75 g Rohrzucker
¼ l Sojadrink plus Calcium
100 g Dinkelmehl (Type 1050)
150 g Weizenmehl (Type 405)
1 TL Natron
1 Päckchen Bio-Sahnestark

So geht's:

1 Die Sojasahnepackung, den Mixbecher und die Schneebesen vom Handrührgerät mindestens ½ Tag in den Kühlschrank legen. Die Vanilleschote einmal längs einritzen und das Mark herauskratzen.

2 Die Aprikosen grob zerschneiden und mit den Blaubeeren und dem Ahornsirup in einen kleinen Topf geben und erhitzen. Mit dem Pürierstab grob pürieren und lauwarm erkalten lassen.

3 Das Ei-Ersatz mit 80 ml Wasser aufschlagen. Die Sojamargarine, 50 g Rohrzucker, das Mark der Vanilleschote, den Sojadrink, das Mehl und das Natron in eine Rührschüssel geben und zu einem glatten Teig verarbeiten. Den Waffelteig etwa 30 Minuten quellen lassen.

4 Die Sojasahne mit dem restlichen Rohrzucker und dem Sahnestark steif schlagen. Die Waffeln portionsweise in einem heißen Waffeleisen knusprig braun backen, auf Teller legen und mit dem Puderzucker bestäuben. Mit je einer Portion Blaubeersoße und Sojasahne anrichten.

Zubereitung: 30 Minuten
Quellzeit: 30 Minuten

Olivenbrot

Für 2 Baguettebrote:
100 g schwarze Oliven ohne Stein
100 g Natur-Tofu
1 Hefeteig-Grundrezept – pikant
   (von Seite 215)
½ TL Agar Agar

So geht's:

1   Die Oliven grob in Stücke schneiden. Den Tofu in kleine Würfel schneiden.

2   Den Hefeteig, wie im Grundrezept auf Seite 215 beschrieben, zubereiten, dabei die Oliven und den Tofu vorsichtig unterarbeiten und glatt verkneten.

3   Den Teig in zwei Portionen teilen, jeweils ein längliches Baguette daraus formen und auf eine Baguette-Backform oder ein Backblech legen. Mit einem angefeuchteten Messer an der Oberseite schräg einschneiden und etwa 15 Minuten gehen lassen.

4   Die Oberseite der Brotlaibe mit etwas Wasser befeuchten und dann auf der mittleren Einschubleiste bei 200 °C etwa 25 Minuten knusprig backen.

5   Das Agar Agar in einem kleinen Topf in wenig Wasser glatt rühren und einmal aufkochen lassen. Dann auf die noch warmen Brote aufpinseln. Das ergibt einen wunderschönen Glanz.

Zubereitung: 25 Minuten
Wartezeit: 15 Minuten
Backzeit: 25 Minuten

Tomatenbrot

Für 2 Baguettebrote:
2 rote Zwiebeln
50 g getrocknete Tomaten
100 g Natur-Tofu
1 Hefeteig-Grundrezept – pikant
   (von Seite 215)
1 TL Oregano
¼ TL Agar Agar

So geht's:

1   Die Zwiebeln und die getrockneten Tomaten würfeln. Den Tofu ebenfalls in kleine Würfel schneiden.

2   Den Hefeteig, wie im Grundrezept auf Seite 215 beschrieben, zubereiten, dabei die Zwiebeln, die getrockneten Tomaten, den Tofu und Oregano unterarbeiten. Zu einer Kugel formen, in 2 Portionen teilen und jeweils ein längliches Baguette formen.

3   Die Baguettes in eine Baguette-Backform auf ein Backblech legen. Mit einem angefeuchteten Messer an der Oberseite schräg einschneiden. Ca. 15 Minuten gehen lassen.

4   Die Oberseite mit etwas Wasser befeuchten und dann auf der mittleren Einschubleiste bei 200 °C etwa 25 Minuten backen.

5   Das Agar Agar in einem kleinen Topf in wenig Wasser glatt rühren und einmal aufkochen lassen. Dann auf die noch warmen Brote aufpinseln. Das ergibt einen wunderschönen Glanz.

Zubereitung: 25 Minuten
Wartezeit: 15 Minuten
Backzeit: 25 Minuten

Pikante Herrentorte

Für 16 Stücke:

1 Tomatenbrot (siehe Rezept
    Seite 226)
oder 1 gekauftes Tomaten-Ciabatta
100 g Sojamargarine
150 g Brotaufstrich auf Sojabasis
    mit Kräutern (wie Frischkäse)
1 TL Oregano
Salz
Pfeffer
3–4 Scheiben dunkles Roggenvollkorn-
    brot oder Pumpernickel
200 g Gewürzgurken
150 g Cocktailtomaten
10 getrocknete Tomaten
200 g Oliven-Tofu
3 TL mittelscharfer Senf
250 ml Sojacreme (zum Kochen)
2 TL Agar Agar
250 ml Remoulade ohne Ei
5 schwarze Oliven ohne Stein (z. B.
    griechische Kalamata-Oliven)
1 Lauchzwiebel

So geht's:

1 Einen Tortenring (24–26 cm Ø) auf eine Tortenplatte legen. Das Tomatenbrot in Scheiben schneiden und die feste Rinde dabei abschneiden. Die Brotscheiben dicht nebeneinander in den Tortenring auf die Tortenplatte legen.

2 Die Sojamargarine mit den Schneebesen des Handrührgerätes schaumig schlagen. Den Brotaufstrich und Oregano unterrühren und mit Salz und Pfeffer kräftig würzen. Die Masse auf das Tomatenbrot geben und glatt streichen.

3 Das Roggenvollkornbrot auf die Creme legen, dabei wieder eine geschlossene Schicht herstellen.

4 Die Gurken fein würfeln. Die Cocktailtomaten quer in Scheiben schneiden. Die ganzen Scheiben für die spätere Garnierung beiseitelegen. Die restlichen Tomaten würfeln und zu den Gurken geben. Die getrockneten Tomaten in feine Streifen schneiden. 1 EL davon für die spätere Garnierung beiseitelegen. Den Oliven-Tofu in Würfel schneiden und zugeben. Den Senf unterrühren.

5 Die Sojacreme und das Agar Agar mit dem Schneebesen verrühren und aufkochen lassen. Etwa 2 Minuten kochen. Vom Herd nehmen und unter gelegentlichem Rühren leicht abkühlen lassen. Darauf achten, dass die Creme nicht zu sehr andickt und damit ihre Bindefähigkeit verliert!

6 Sobald die Sojacreme beginnt dicklich zu werden, die Remoulade unterrühren und dann unter das Gurkengemüse heben. Die Masse auf die Vollkornbrotschicht geben und glatt streichen.

7 Zur Garnierung die Tomatenscheiben auf den Tortenrand legen. Die Oliven halbieren und in die Mitte der Herrentorte legen. Einige Brotkrumen vom Vollkornbrot, die beiseite gelegten getrockneten Tomaten und die Lauchzwiebel, in feine Ringe geschnitten, auf der Herrentorte anrichten und für mindestens 12 Stunden im Kühlschrank kalt stellen.

Zubereitung: 40 Minuten
Kühlzeit: 12 Stunden

Vanillecreme mit Karamelldecke

Für 4 Portionen:
2 TL Johannisbrotkernmehl
½ l Sojadrink mit Calcium
Mark von 1 Vanilleschote
¼ TL Zimt
1 Prise Salz
abgeriebene Schale und Saft 1 Orange
4 EL Ahornsirup
50 g Rohrzucker
50 g Kristallzucker

So geht's:

1 Das Johannisbrotkernmehl mit einem Schneebesen klümpchenfrei in den Sojadrink einrühren. Das Vanillemark, Zimt, Salz, abgeriebene Orangenschale und -saft sowie den Ahornsirup unterrühren.

2 Den Sojadrink zum Kochen bringen und unter ständigem Rühren etwa 1 Minute kochen lassen. In 4 Portionsschälchen füllen.

3 Für die Karamelldecke den Rohrzucker und den Kristallzucker in eine Pfanne geben und erhitzen. Sobald der Zucker eine goldgelbe Farbe annimmt, als dünne Schicht auf die Vanillecreme gießen.

Zubereitung: 20 Minuten

Crêpes mit Orangenaroma

Für 4 Portionen:
3 TL Ei-Ersatz
300 ml Sojadrink
125 g Weizenmehl (Type 405)
1 EL geriebene Mandeln
1 Prise Salz, 1 TL Natron
4 EL Rohrzucker
1 Schuss Kirschwasser
6 TL Sojamargarine
abgeriebene Schale und Saft 1 Orange
4 cl Grand Marnier

So geht's:

1 Das Ei-Ersatz mit 3 EL Wasser verrühren und mit dem Schneebesen kräftig aufschlagen. Den Soja-Drink nach und nach unterrühren und das Mehl nach und nach unterschlagen. Die Mandeln, Salz, 2 EL Rohrzucker, das Kirschwasser und das Natron zum Schluss mit unterschlagen. Dann abgedeckt etwa 1 Stunde quellen lassen.

2 In einer kleinen Pfanne 2 TL Sojamargarine erhitzen. 2 EL Rohrzucker zugeben und leicht karamellisieren lassen. Die Orangenschale und den Saft zugeben und unter Rühren erhitzen. Zum Schluss den Grand Marnier einrühren und einmal kurz aufwallen lassen.

3 In einer beschichteten Pfanne die restliche Sojamargarine portionsweise erhitzen. Eine kleine Kelle Crêpesteig hineingeben und durch Schwenken der Pfanne auf dem ganzen Boden verteilen. Portionsweise hauchdünne Crêpes beidseitig knusprig braun braten.

4 Die gebackenen Crêpes aus der Pfanne nehmen und zweimal zusammenfalten. Auf einen Teller stapeln und jeweils mit etwas Orangensoße übergießen.

Zubereitung: 45 Minuten
Quellzeit: 1 Stunde

Vanillecreme mit Karamelldecke

Pikante Party-brötchen

Für 6 Stück:
½ Hefeteig-Grundrezept – pikant
  (von Seite 215)
1 große Möhre
2 Lauchzwiebeln
50 g Sojabohnensprossen
Salz
Pfeffer
½ TL Ingwer, gemahlen
2 TL Tamari Sojasoße Coriander + Wasabi
1 Bund glatte Petersilie

So geht's:

1 Den Hefeteig, wie im Grundrezept auf Seite 215 beschrieben, zubereiten. Zu einer Kugel formen und an einem warmen Ort etwa 30 Minuten gehen lassen.

2 Die Möhre in sehr feine Stifte und die Lauchzwiebeln in Ringe schneiden. Die Sprossen einmal durchschneiden. Mit Salz, Pfeffer, Ingwer und der Sojasoße würzen. Petersilie hacken und untermischen.

3 Den Teig nochmals durchkneten. In 6 Portionen teilen und in Untertassengröße (12–15 cm) flachdrücken. Auf jeden Teigfladen etwas von der Gemüsemischung geben, den Teig mit den Fingern darüberziehen und fest verschließen.

4 Die Brötchen auf ein mit Backpapier ausgelegtes Backblech legen und nochmals etwa 15 Minuten gehen lassen. Mit leicht gesalzenem Wasser bestreichen und im Backofen bei 200 °C 15–20 Minuten backen.

Zubereitung: 45 Minuten
Wartezeit: 45 Minuten
Backzeit: 15–20 Minuten

Knusperknäcke

Für 1 Backblech:
100 g knusprige Soja-Flocken
100 g Dinkelmehl (Type 1050)
50 g Haferkleie (versorgt mit einem
  Extra an löslichen Ballaststoffen
  und hat damit einen positiven Einfluss auf den Cholesterinspiegel)
50 g Sonnenblumenkerne
50 g Kürbiskerne
20 g Leinsamen
150 ml Wasser
1 TL Kräutergewürzsalz
½ TL Salz
½ TL Zitronensaft

So geht's:

1 Die Sojaflocken in der Getreidemühle oder im Mixer schroten. Alle restlichen Zutaten zugeben, vermischen und abschmecken (es muss sehr kräftig schmecken).

2 Ein Backblech mit Backpapier auslegen und den Teig daraufgeben. Die Hände dabei mehrfach gut anfeuchten und den Teig sehr dünn auf das Blech drücken.

3 Anschließend auf der mittleren Einschubleiste bei 150 °C (möglichst Umluft) etwa 20 Minuten backen. Dann den Teig mit einem Teigrädchen oder Pizzaschneider in 5–10 cm große Quadrate schneiden.

4 Das Knäcke noch etwa 1 Stunde und 20 Minuten bei 120 °C weiterbacken. Backofen erst ausstellen, wenn das Knäcke ganz trocken ist. Auf dem Blech vollständig auskühlen lassen und luftig lagern.

Zubereitung: 20 Minuten
Backzeit: 1 Stunden + 40 Minuten

Knusperknäcke
(Avocado-Soja-Dip siehe Seite 56)

Register nach Rubrik

Pfannengerichte

Aus dem Ofen

Sattmacher

Desserts und Gebäck

Register

Danke

möchte ich sagen an ...

... meine Familie – das sind meine drei Männer: mein Lebenspartner Hermi Behr und meine Jungs Zach und Leif – dafür, dass sie in der Phase der Fotoproduktion trotz Küchen- und Hausbelegung noch immer guter Laune waren und sich für die Arbeit interessieren konnten. Und dafür, dass sie mich durch Sätze wie: „Mama, ich denke du machst ein veganes Buch, wieso gibt es dann Chili?" oder: „Lecker die Puffer, hast du noch mehr davon?" darin bestärkten, dass die Rezepte einfach überzeugen können.

... den Fotografen, Kurt Michael Westermann, der es in dem ganzen Kochchaos schaffte, auf mini-kleinem Raum die tollsten Bilder zu machen und mich beim Foodstyling meiner ersten Kochbuch-fotos immer wieder stärkte, stützte, bestätigte, sich einmischte und mit maximal 30 Quadrat-zentimetern auskam für die Entscheidung der Requisite zum Gericht. Und der das gerade Ge-kochte so fotografiert hat, wie es nachher bei den Lesern auf dem Tisch stehen soll. Vielleicht musste er genau deswegen so ziemlich alles einmal probieren.

... meine liebe Kollegin Beate Freihoff, mit der ich in der Praxis für Prävention zusammenarbeite und die Meridianmessungen mache. Sie hat mir über viele Wochen den Rücken frei gehalten, sodass ich alle Kraft dem Buch schenken konnte. Sie war kritischer Leser von Anfang an und so sind alle Rezepte noch einmal besonders ausgerichtet darauf, dass es dem Leser bitte: „Spaß machen möge und schmecken".

... an meine Schwester Ursel und meinen Schwager Jürgen, die mir immer wieder Tipps gaben, was ich denn unbedingt in dem Buch nicht vergessen dürfe und aus welchen Blickwinkeln man doch immer wieder diese besondere Küche betrachten könnte und was denn Veganer noch so beherzigen sollten. Und die mir gleich am Anfang der Idee zum Buch bei der Auswahl der Ge-schirre und Requisiten in Spanien mehr als hilfreich zur Seite standen.

... an meinen Bruder Axel, der die ersten Texte zum Lesen bekam, verbunden mit der Bitte, sehr kritisch zu sein. Sein Kommentar: „Alles gut, liest sich flüssig" bestärkte mich und so hoffe ich, dass Sie seiner Meinung sind und viel Spaß am Lesen haben. Toll war auch die Resonanz von ganz vielen Freunden, denen ich von dem veganen Buchprojekt erzählte. Die hatten fast jeder einen veganen Freund oder kannten einen Freund von einem Freund, der so lebte, und ließen sich schon mal mindestens eine Ausgabe reservieren ...

DANKE.

Winsen, im Januar 2013
Anne Bühring

QUELLENNACHWEIS:
Gaby Andresen, *Der kleine Souci/Fachmann/Kraut. Lebensmitteltabelle für die Praxis.*
Wissenschaftliche Verlagsgesellschaft, 2011
Beate und Helmut Heseker, *Nährstoffe in Lebensmitteln. Die große Energie- und Nähsrtofftabelle.*
Umschau Buchverlag, 2007
Angaben zu Inhaltsstoffen nach Herstellerangaben.

FOTOS:
Cover: *Tofu-Päckchen* (Rezept Seite 111)
Coverrückseite oben: *Couscous mit buntem Gemüse* (Rezept Seite 200)
Coverrückseite unten: *Geeistes Kirschdessert mit Schokoraspeln* (Rezept Seite 211)

ISBN 978-3-99011-053-9

Bücher aus der Verlagsgruppe Styria
gibt es in jeder Buchhandlung und im Online-Shop

Cover und Layout: Maria Schuster
Konzept und Lektorat: Gudrun Ruoff, München

Druck: Druckerei Theiss GmbH, St. Stefan im Lavanttal
7 6 5 4 3 2 1
Printed in Austria